Brigitte Ziegler

Erfahrungen mit der Reiki-Kraft

Schritte in die Freiheit
Das Geheimnis der Lebensenergie

WINDPFERD
Verlagsgesellschaft mbH.

1. Auflage 1992
2. Auflage 1993
© Windpferd Verlagsgesellschaft mbH., D-87648 Aitrang
Alle Rechte vorbehalten
Umschlaggestaltung: Wolfgang Jünemann, unter Verwendung einer Illustration von Berthold Rodd
Gesamtherstellung: Schneelöwe, D-87648 Aitrang
ISBN 3-89385-103-8

Printed in Germany

Inhaltsverzeichnis

Vorwort 7

Einleitung 11

Kapitel 1
Der Energiefluß 19
Mein Weg zu Reiki 19

Kapitel 2
Das Boot besteigen 27
Reiki als Einstieg auf dem Weg zu sich selbst 27
Übung: Lebensenergie spüren 38

Kapitel 3
Inseln im Fluß 41
Wünsche - Erwartungen - Sehnsüchte 41
Übung: Energie von Wünschen spüren 50

Kapitel 4
Dem Rhythmus des Flusses folgen 51
Verfeinerung der Wahrnehmung durch Reiki 51
Übung: Reiki-Atem-Meditation 62

Kapitel 5
Gefahren im Fluß 67
Heilungskrisen - mit Reiki zur Ganzheit finden 67

Kapitel 6
Das Geheimnis der Lebensenergie 79
Mit Reiki zu unserem wahren Selbst finden 79
Übung: Das Wunder unserer Existenz entdecken 90

Kapitel 7
Grenzerfahrungen 95
Reiki und Bewußtseinserweiterung 95
Übung: Fernwahrnehmung 104

Kapitel 8
Begegnungen im Energiefluß 105
Mit Reiki Beziehungen heilen 105
Übung: Beziehungen heilen 115

Kapitel 9
Im Fluß der Wandlung 117
Mit Reiki Transformation beschleunigen 117
Übung: Dem Fluß der Veränderung folgen 126

Kapitel 10
Alle Flüsse fließen ins Meer 127
Reiki und andere spirituelle Techniken 127

Kapitel 11:
Wissen und Handeln 139
Reiki und Verantwortung 139

Kapitel 12:
Sich dem Fluß überlassen 147
Mit Reiki Freiheit und Vertrauen finden 147
Übung: Vertrauen aufbauen 153

Kapitel 13:
Dankbarkeit und Hingabe 155
Mit Reiki den inneren Lehrer finden 155

Kapitel 14:
Tanz auf dem Seil - der Weg ins Licht 161

Danksagung 165

Anhang:
Kurzer Überblick über das Reiki-System 167
Bücher über Reiki 169
Kommentierte Literaturliste 170
Musikkassetten 172
Adressen 173

Vorwort

von Bodo J. Baginski

Als 1983/84 in Europa die ersten Reiki-Kurse abgehalten wurden, gab es, abgesehen von einigen enthusiastischen Befürwortern dieser Methode wohl kaum jemanden, der auch nur im entferntesten geahnt hätte, daß sich »Reiki« bereits einige Jahre später zur am stärksten expandierenden Therapieform im Bereich alternativen Heilens entwickeln würde.

Ich selbst hörte 1983 das erste Mal von Reiki. Ich war ganz sicher, das ist's, worauf ich und viele andere gewartet haben: eine ganzheitliche, grundlegende und einfache ernergetisch/spirituelle Heilmethode von größter Effektivität. Ich hatte das Glück, an einem der ersten Reiki-Seminare in Deutschland teilzunehmen, und seitdem hat sich meine Ahnung und Erwartung mehr als bestätigt. So schrieb ich bereits 1985 zusammen mit Shalila Sharamon begeistert das erste Buch über Reiki in deutscher Sprache. Inzwischen wurde es immer wieder nachgedruckt und in viele Sprachen übersetzt und es erschienen seitdem etliche weitere Veröffentlichungen zu dieser Thematik. Heute zählen wir allein in Deutschland acht Bücher zum Thema »Reiki«, ein

Zeichen dafür, welcher Stellenwert derzeit dieser Therapieform beigemessen wird.

1992 lehrten im deutschsprachigen Raum bereits über 350 Reiki-Lehrer/Meister in Wochenendseminaren Reiki. Weit über 100.000 Menschen ließen sich von ihnen in dieser Heilweise ausbilden.

So gibt es inzwischen kaum noch ein Land auf der Welt, in dem Reiki noch nicht gelehrt wird, ob Island oder Südafrika, Brasilien oder die Mongolei, Indien oder Polen, Israel oder Kanada, Neuseeland oder Namibia, Rumänien oder Mexiko; überall werden Reiki-Ausbildungskurse von qualifizierten Reiki-Meistern/Lehrern abgehalten.

Seitdem sich Reiki in Windeseile in aller Welt verbreitete, wurde immer einmal wieder die Frage nach der wissenschaftlichen Beweisbarkeit gestellt. Ich möchte dagegen die Frage aufwerfen: muß denn Reiki überhaupt wissenschaftlich erklärbar sein? Muß denn alles, was in unserem Leben Bedeutung hat, wissenschaftlich abgesichert sein? Warum müssen wir denn. den Wert aller Dinge zwischen Himmel und Erde automatisch an dem Grad ihrer wissenschaftlichen Anerkennung messen? Weshalb genügt es uns nicht, uns schlicht und einfach am Resultat, am inneren Gefühl oder am Genuß einer Sache zu erfreuen? Hat dieses Phänomen vielleicht mit unserer eigenen Unsicherheit gegenüber unseren ureigensten Gefühlen zu tun?

Dennoch mag selbstverständlich die Frage nach der Wissenschaftlichkeit nicht grundsätzlich unangebracht sein - nur sollten wir uns nicht von derartig "geschaffenem Wissen" abhängig machen. In uns selbst hineinzulauschen, vermag uns häufig der Wahrheit sehr viel näher bringen.

Im Frühjahr 1992 besuchte uns in Irland überraschend die Reiki-Lehrerin Brigitte Ziegler. Auch sie gehört zur Gruppe der ersten Reiki-Meister, die in Deutschland Reiki lehrten.. Sie erzählte uns, daß sie gerade ein Manuskript über ihre eigenen Erfahrungen mit Reiki sowie über die Erlebnisse ihrer vielen

Schüler niedergeschrieben habe. Sie war in die Stille Irlands gekommen, um dieses Werk in einer möglichst reinen Atmosphäre fortzusetzen und zu überarbeiten.

Nun ist Brigitte Ziegler literarisch gesehen kein unbeschriebenes Blatt: Bereits 1991 veröffentlichte sie zusammen mit der Reiki-Lehrerin Dr. Paula Horan ein sehr praxisnahes Handbuch unter dem Titel »Kraft aus der Mitte des Herzens« (Windpferd-Verlag), ein Wegweiser zur Ganzwerdung der Gefühle. Zuvor war sie unter anderem einige Jahre als Lehrerin, Redakteurin und in einigen anderen Berufen tätig.

Ihr Ansatz, hier einmal ihre ganz persönliche, ureigenste Erfahrung mit Reiki darzulegen - was es für sie bedeutet, Reiki zu lehren und wie es ihr Leben veränderte - ist eine interessante Variante, die uns viele neue und tiefe Denkanstöße vermittelt. Ihre Aufzeichnungen offenbaren uns in der Tat zahlreiche innere Geheimnisse des Reiki. Gleichzeitig bieten uns auch die Kommentare ihrer vielen Schüler vielfältige Einblicke in die Wirkungsweise von Reiki.

Viele haben heute ein großes Interesse zu erfahren, was Reiki nun wirklich im Leben eines Menschen bedeutet, und Brigitte Ziegler hat das Talent, dies sehr ehrlich und lebensnah darzustellen und zu vermitteln. Nicht wenige stehen heute bereits selbst vor dem Schritt, sich als Reiki-Meister ausbilden zu lassen, um selbst Reiki zu lehren und verbreiten zu können.

So möchte ich das vorliegende Buch als sehr gelungen, absolut praxisnah, klar, feinfühlig und gleichzeitig tiefgehend bezeichnen. Es wird wohl für jeden, der es liest, eine wirkliche Bereicherung sein, unabhängig davon, ob er bereits mit Reiki arbeitet oder sich erst einmal informieren möchte.

Ganz gewiß wird auch dieses Reiki-Buch seinen Weg in die Herzen der Menschen finden, weil es das verkündet, was den meisten Menschen heute so sehr fehlt: das Licht der inneren Einheit in sich selbst wiederzufinden!

Möge dieses Werk vielen Menschen den Weg zur besseren und tieferen (Selbst)-Erkenntnis weisen.

> Bodo J. Baginski
> Glengarriff,
> Süd-West-Irland
> Juli 1992

Einleitung

Schon lange wollte ich ein Buch über meine Erfahrungen mit Reiki schreiben, doch die Idee verschwand immer wieder aus meinem Bewußtsein. Offensichtlich sollte ich so lange warten, bis einige Lernprozesse abgeschlossen waren. Seit meiner ersten Begegnung mit dieser Kraft vor sieben Jahren habe ich viele Überraschungen, Zusammenbrüche und Wunder erlebt, die mein Weltbild in Frage stellten. Ich habe Erfahrungen gemacht, die mein Leben sehr verändert haben. Es gab Hochs und Tiefs, Zweifel, Ängste und Durchbrüche. Die universelle Lebensenergie zu entdecken, war und ist ein Abenteuer; eine Reise ins Ungewisse, bei der ich alle Erklärungsversuche, Vorstellungen und Erwartungen loslassen und mich selbst und mein Wissen immer wieder in Frage stellen mußte. War ich ganz sicher, ich hätte Reiki nun endlich verstanden, brachte mich das Universum wieder zum Anfängergeist zurück. Manchmal sanft, manchmal mit einem Paukenschlag, aber immer so, wie ich es gerade brauchte. Ich mußte lernen, Reiki jeden Tag neu zu entdecken und mich der Lebenskraft mit Vertrauen und Hingabe zu nähern.

Der Schlüssel zu Reiki liegt für mich in seiner Ganzheitlichkeit. Wenn mich bei Vorträgen Menschen bitten, Reiki zu erklären, komme ich meist in Verlegenheit. Im Grunde läßt es sich nicht erklären, man kann die unendlichen Möglichkeiten dieser Energie nur erleben und erfahren. Dieses Buch entstand aus meinen eigenen Erfahrungen als Reiki-Praktizierender, Reiki-Lehrer und Wanderer auf dem spirituellen Weg in den letzten Jahren. Ich habe gesehen, wie Reiki Menschen zutiefst verändert hat, und ich habe Fälle erlebt, wo es nicht zu wirken schien - jedenfalls nicht auf die erwartete Weise. Mehr und mehr wurde mir klar, daß die Zusammenhänge zwischen innerer Einstellung, Denken, Bewußtsein und körperlicher Heilung sehr viel komplexer sind, als wir uns das im allgemeinen vorstellen. Die Lebensenergie ist wesentlich klüger als unsere begrenzten Vorstellungen von Heilung und Gesundheit. Ich lernte, meine Erwartungen zurückzustellen und der Intelligenz von Reiki zu vertrauen. Die Anwendung von Reiki brachte Bewegung und Lebendigkeit in mein Leben und eine ganze Reihe unvorhergesehener und überraschender Erlebnisse, Ereignisse und Wirkungen. Ich experimentierte viel damit, auch in Verbindung mit anderen Methoden und Energiesystemen, die dadurch beträchtlich vertieft und bereichert wurden. Unter anderem hilft mir Reiki, mich leichter auf unterschiedlichen Bewußtseinsebenen zu bewegen. Ich kann damit sehr viel besser meditieren oder visualisieren. Es kann auch passieren, daß während einer Behandlung Szenen aus meiner Kindheit oder einem früheren Leben auftauchen. Manchmal ist es einfach entspannend und hilft mir, vom Streß des Alltags abzuschalten. Manchmal macht es mich hellwach und manchmal müde. Wenn ich es am wenigsten erwarte, bringt es mich in einen Zustand der Klarheit, wo ich Zusammenhänge erkenne, die mir bisher nicht bewußt waren. Es kann Schmerzen zum Verschwinden bringen oder sie verstärken. Manchmal verfluche ich es, weil ich mit etwas konfrontiert werde, das ich nicht sehen wollte. Dann bin ich wieder voller Dankbarkeit und Bewunderung für die Intelligenz und Weisheit dieser Energie. Reiki entzieht sich all meinen Versuchen, es zu kontrollieren oder einzuordnen. Es ist immer wieder neu und immer wieder anders. Seit ich als Reiki-Lehrerin arbeite, erlebe ich voller Staunen, wie unterschiedlich und auf merkwürdige Weise *richtig* es sich bei den einzelnen Menschen auswirkt. Jeder wird genau da abgeholt, wo er in seiner Entwicklung steht. In jedem Seminar finde ich neue Möglichkeiten, es einzusetzen und anzuwenden, und rege die Teilnehmer an, auf ihre eigene Entdeckungsreise zu gehen.

Über Gesundheit und Heilung werden heute viele Kurse angeboten. Inzwischen ist es schwierig geworden, sich auf dem Markt der spirituellen und therapeutischen Techniken zur Selbstfindung, Selbstverbesserung und Selbstheilung zurechtzufinden. Bei Vorträgen und in meinen Seminaren stelle ich immer wieder fest, wieviel Verwirrung auf diesem Gebiet herrscht. Auch Reiki erreicht immer mehr Menschen und bringt durch seine schnelle Verbreitung natürlich auch Mißverständnisse mit sich. Es ist eine leicht zugängliche, sehr einfache und faszinierende Methode, die eigenen Selbstheilungskräfte zu aktivieren und zur Ganzheitlichkeit zu finden. Doch besteht auch die Gefahr des spirituellen Tourismus. Manche Menschen möchten Reiki einfach nur so mitnehmen, weil es eine schnelle Erhöhung des Energieniveaus verspricht und keine Vorkenntnisse oder spezielle Übungen erfordert. Natürlich ist daran nichts falsch, doch werden dabei die ungeheuren Möglichkeiten, sich zu öffnen und zu verändern, verkannt. Reiki bietet als Ganzheitsmethode eine große Chance, alle Aspekte unseres Selbst zu entdecken und ins Licht zu bringen. Oft wird es nur als Hilfsmittel genutzt, um Krankheiten loszuwerden oder um entspannter zu sein. Zudem wecken Berichte über Wunderheilungen mit Reiki hohe Erwartungen, und manche Teilnehmer sind enttäuscht, wenn bei der Einstimmung zum 1. Grad nichts Besonderes passiert oder sie sich danach nicht wesentlich anders fühlen als sonst. Wunderheilungen kommen immer wieder vor, doch sind sie nach meiner Erfahrung selten so spektakulär, wie wir uns das vorstellen. Bei den Einstimmungen geschieht tatsächlich etwas Besonderes, es gibt jedoch keine Regeln oder Garantien dafür, wie sich das anfühlt. Die Wunder direkt vor unserer Nase sehen wir meist nicht, weil wir unsere Erfahrungen zu kontrollieren versuchen.

Reiki ist weitaus mehr als eine Entspannungtechnik oder ein preiswertes Schmerzmittel. Es kann ein Tor sein zu mehr Bewußtheit und Ganzheit. Die Reiki-Kraft enthält Dimensionen, die sich unserem Zugriff und unserer Kontrolle entziehen. Um diese Dimensionen geht es unter anderem in diesem Buch. Und es geht um das Erwachen für das, was *wirklich* ist. Selbstverständlich kann ich niemandem abnehmen, seine eigene Wirklichkeit zu entdecken. Ich möchte Landkarten von Dimensionen und Wirklichkeiten zur Verfügung stellen, die andere und ich bei der Anwendung von Reiki erfahren haben. Doch Landkarten sind nicht das Land selbst. Wer möchte, kann sie studieren und als Wegweiser benutzen für die Reise in die Ganzheit. Jeder wählt sein eigenes Fahrzeug und seinen eigenen Weg. Es gibt viele Möglichkeiten zu reisen. Man kann mit dem Auto oder mit dem Zug fahren oder große Entfernungen mit dem Flugzeug überbrücken. Man kann sich verirren und das Ziel aus den Augen verlieren oder feststellen, daß es das falsche Ziel war. Manchmal ist es wichtig, an einer Station länger zu verweilen. Vielleicht können einige der Stationen auf meinem Weg Menschen anregen, ihren eigenen Weg mit Reiki zu finden. Reiki ist ein schnelles, nicht immer bequemes, jedoch sicheres Transportmittel auf der spirituellen Reise, und man kann diese Reise jederzeit antreten, wenn man dazu bereit ist. Ich möchte mit meinen Landkarten Menschen, die Reiki noch nicht kennen, auf dieses Land der unbegrenzten Möglichkeiten aufmerksam machen. Und ich möchte Menschen, die schon den ersten oder zweiten Grad gemacht haben, dazu inspirieren, neue Routen, Wege, Gebiete und Richtungen zu entdecken. Es ist eine wunderbare Möglichkeit, das übliche Alltagsbewußtsein zu überschreiten und mit dem unbegrenzten universellen Wissen in Kontakt zu kommen. Wenn man sich wirklich darauf einläßt, kann es einen tiefen Bewußtseinswandel bewirken.

Ich weiß nicht, wohin die Energie mich selbst noch führen wird. Leben ist Wandel und Veränderung. Statt diesem Wandel Widerstand entgegenzusetzen, können wir einfach mitfließen. Reiki kann uns lehren, dieses Fließen und Geschehenlassen wieder zu entdecken. Während ich dies schreibe, schaue ich auf die sich ständig verändernde Stimmung der irischen Landschaft. Ich beobachte das Wechselspiel der Farben des Meeres. Mal ist es blau, mal grau, mal ruhig, mal aufgewühlt. Wolken ziehen vorbei, der Wind weht, dann kommt wieder die Sonne heraus. Es ist wie ein Spiegel der sich verändernden inneren Landschaft. Die Lebenskraft ist der beste Lehrer. Ich bin bereit, ihrem Fluß zu folgen.

Brigitte Ziegler, Cromane, Irland

Ich liege auf einer Matte am Boden und gebe mir Reiki. Es ist ein sonniger Spätnachmittag, das Zimmer ist in warmes Licht getaucht. Meine Hände kribbeln und fühlen sich an, als hätten sie ein Eigenleben. Ich folge dem Fluß der Handpositionen und höre in meinen Körper hinein. An manchen Stellen fühlt er sich kühl an, an anderen werden die Hände sehr heiß. Bilder tauchen vor meinem inneren Auge auf, Erinnerungen an meine Kindheit oder Szenen des vergangenen Tages. Sie ziehen vorbei und verflüchtigen sich wieder. Ich habe ein Gefühl von Zeitlosigkeit, als gäbe es keine Unterscheidung in Vergangenheit, Gegenwart und Zukunft. Alles scheint gleichzeitig zu passieren und wird zu einem beständigen Fließen: Gedanken, Körperempfindungen, Erinnerungen.

Ein paar Tage zuvor habe ich im Reiki-Haus zum ersten Mal an einer Gruppenbehandlung teilgenommen und eine Einstimmung bekommen. Während der Einstimmung hatte ich plötzlich das Gefühl, daß mein Körper verschwindet und mit der Umgebung verschmilzt. Reiki zu geben und zu bekommen, war eine völlig neue Erfahrung für mich. Es gab nichts zu tun, nichts, worauf man sich konzentrieren müßte. Ich brauchte mich nur dem Geschehen zu überlassen.

Meine Hände wandern zum Herzchakra. Zuerst spüre ich leichten Druck und auch ein Gefühl von Angst. Ich möchte die Hände wieder wegnehmen und lasse sie dann doch liegen. Plötzlich habe ich das Gefühl, daß eine starke Kraft in mein Herz eindringt. Sie scheint von oben zu kommen. Es ist so intensiv, daß ich meine, es nicht ertragen zu können. Einen Moment lang glaube ich, ich bekomme einen Herzanfall. Gedanken schießen durch meinen Kopf, Panik erfaßt mich, doch das dauert alles nur ein paar Sekunden. Da ist etwas, das stärker ist als ich und dem ich mich nur hingeben kann. Die Kraft fühlt sich jetzt an wie ein Strahl aus Wärme und Licht, der ganz vorsichtig und sehr sanft durch mich durchgeht und sich dann im Boden auflöst. Als ich mich nicht mehr dagegen wehre, verschwinden alle Spannungen und Ängste. Ich fühle mich geborgen, sicher und aufgehoben und weiß, daß etwas sehr Wichtiges geschehen ist. Der Strahl war wie eine Botschaft für mich. Ich war mit der Kraft in Berührung gekommen, die allem Leben zugrunde liegt. Zwei Wochen später mache ich den ersten und kurz darauf den zweiten Reiki-Grad.

Kapitel 1:

Der Energiefluß
Mein Weg zu Reiki

Als Kind empfand ich die Wirklichkeit, in der ich lebte, oft als ein Geheimnis, das ich letztlich nicht verstand. Ich hatte das Gefühl, daß sich hinter dem normalen Leben etwas Tieferes verbergen mußte. Die Erklärungen, die mir von Erwachsenen über die Welt, das Leben und seinen Sinn geliefert wurden, stellten mich nicht zufrieden. Sie stimmten nicht mit meinem Erleben überein. Oft geriet ich in meditative Zustände und konnte Dinge sehen und spüren, die nicht in den Rahmen der festgelegten Grenzen des Alltagslebens paßten. Woher kam diese geheimnisvolle Energie, die uns atmen, sprechen, denken und fühlen läßt? Wie ließ sie sich mit dem Alltag vereinbaren?

Mit der Zeit vergaß ich die Frage, führte das normale Leben, das ich als einzig existierende Wirklichkeit angezweifelt hatte, und suchte meinen Weg durch das Dickicht des Lebens. Ich erlebte Verletzungen, Ängste, Zweifel, Höhepunkte und Niederlagen. Manchmal erschien mir das Leben wie eine Sackgasse, die im Nirgendwo endet. Dann wieder gab es Augenblicke der Klarheit, in denen ich erstaunt auf das Durcheinander blickte und nicht mehr verstand, was mich in die Irre geführt hatte. Auf einer Ebene, die mir nicht voll bewußt war, begleitete mich die Frage nach der rätselhaften Kraft, von der ich sicher wußte, daß sie existierte, auch wenn ich sie nicht benennen konnte. Es war wie eine leise, vertraute Melodie im Hintergrund meines Bewußtseins.

Ich war nie bei einem Guru und doch weiß ich, daß ich ständig von Lehrern umgeben war. Natürlich erkannte ich sie nicht, weil ich sie mit meinem Alltagsbewußtsein nicht als Lehrer wahrnehmen konnte. Sie traten in allen möglichen Verkleidungen auf und begegneten mir in gewöhnlichen Alltagserlebnissen ebenso wie in Seminaren, Büchern, Meditationen, Träumen und auf Reisen in ferne Länder. Erst heute ist mir klar, daß jede Erfahrung im Leben Teil eines Lernprozesses ist. Wir sind immer auf dem Weg.

Während meiner Studienzeit reiste ich viel. Es gab mir ein Gefühl von Freiheit und Lebendigkeit. Ich wollte andere Arten zu leben kennenlernen, andere Wirklichkeiten. Da ich nicht viel Geld hatte, mußte ich oft improvisieren und mich täglich anderen Gegebenheiten anpassen. Ich fühlte mich vor allem zu exotischen Ländern hingezogen, wie Afrika, Indien, Mexiko und Indonesien. In den meisten Ländern, vor allem in Asien, waren meine angelernten Verhaltensmuster ein Hindernis, weil die Menschen dort ganz anders lebten. Ich lernte, meine eigene Lebensweise nicht als die einzig richtige zu bewerten. Auf diesen Reisen erlebte ich Momente vollkommenen Einverstandenseins mit allem, wenn ich ganz im Augenblick aufging. Mein übliches Leben mit seiner täglichen Routine und den Sorgen um die Zukunft schien ein ferner Traum zu sein. In einer völlig anderen Umgebung war es wesentlich leichter, die Welt mit neuen Augen zu sehen. Erst viel später fand ich heraus, daß das im Grunde immer möglich ist. Es ist nicht nötig, dafür bis ans Ende der Welt zu reisen, ich brauche nur meine Wahrnehmung zu ändern.

Um Geld für diese Reisen und für mein Studium zu verdienen, nahm ich zwischendurch immer wieder Jobs an. Ich machte nahezu alles: vom Frühjahrsputz, Babysitten und Übersetzen bis zum Unterricht im Gesellschaftstanz; ich arbeitete in Büros als Chefsekretärin und in Fabriken als Arbeiterin. Was für mich wie ein manchmal lästiger Broterwerb aussah, waren wichtige Lektionen auf meinem spirituellen Weg, eine Art Zen-Schulung im Alltag. Ich mußte mich auf Wirklichkeiten einstellen, die von meiner sehr verschieden waren. Damals kam mir die Erkenntnis, daß jeder in seiner eigenen Realität lebt und diese auch für sich als absolut gültig ansieht. Bei fast allen Menschen, denen ich in dieser Zeit begegnete, spürte ich unter der Oberfläche die gleiche Sehnsucht nach Befreiung aus dem Gefängnis ihrer Alltagsroutine wie bei mir selbst. Ich bin heute sehr dankbar für diese Erfahrungen, vor allem auch dafür, daß mein spiritueller Weg lange Zeit so praktisch und gar nicht abgehoben war. Wir lernen immer, nicht nur in Workshops oder zu Füßen eines Guru. Der Alltag ist ein ausgezeichneter Test für alle Höhenflüge. Er bringt mich immer wieder auf den Boden zurück, um Erkenntnisse, Erleuchtungserfahrungen und Durchbrüche auf ihre Tiefe zu überprüfen. Mir wird mehr und mehr klar, daß Bewußtseinserweiterung und Alltagsbewältigung etwas miteinander zu tun haben. Das bedeutet natürlich nicht, sich wieder auf die eingeschränkte Ebene zu zwingen, die unser Alltagsbewußtsein im allgemeinen beherrscht. Es geht vielmehr darum, immer mehr Ebenen zu integrieren und weder im spirituellen Elfenbeinturm zu sitzen noch eigensinnig auf der verstandesbetonten, linearen Denkweise als der einzig gültigen zu beharren.

Meine besten Lehrer waren meine Schüler. Kinder und Jugendliche sind unbestechlich und hervorragende Spiegel für die eigenen Schwachpunkte. Sie hören jeden falschen Ton und sind nicht bereit, etwas zu tun oder zu lernen, dessen Sinn sie nicht einsehen. Außerdem stellten sie Fragen, die ich nicht wirklich beantworten konnte. Welches Wissen gab ich weiter? Was wußte ich denn vom Leben und der Aufgabe, die ich darin zu erfüllen hatte? Mir wurde klar, daß ich meinen Beruf als Lehrerin in dieser Form nicht mehr ausüben wollte. Ich begann, mich auf die innere Reise zu begeben. Zunächst las ich haufenweise Bücher über spirituelle Themen, Philosophie, Biographien oder Lebensbeschreibungen erleuchteter Menschen. Sie bescherten mir viele Aha-Erlebnisse, aber auch Verwirrung, denn die verschiedenen Systeme, wie man zu seinem wahren Selbst finden kann, widersprachen sich sehr oft. Manchmal war ich glücklich, endlich den Schlüssel gefunden zu haben, bis ich dann ein Buch las, in dem das genaue Gegenteil stand. Wer hatte nun recht? Ich mußte mich wahrscheinlich im Gestrüpp der Meinungen und Konzepte verirren, um zu sehen, daß intellektuelle Erkenntnis nicht genügt. Bücher können die eigene Erfahrung niemals ersetzen. Ich wollte meinen eigenen Weg finden. Daß ich auf diesem Weg dann auf Reiki stieß, ist sicher kein Zufall, denn auch Reiki kann man nicht aus Büchern lernen, man kann es nur erleben und tun.

Autogenes Training und Zen-Meditation waren die ersten Türen zu anderen Erfahrungsebenen. Beim autogenen Training begann ich ein Gefühl dafür zu entwickeln, was in meinem Körper vor sich ging, und daß ich ihn mit meinem Bewußtsein beeinflussen konnte. Doch funktionierte das nicht immer. Manchmal konnte ich so oft sagen "linker Arm schwer" wie ich wollte, es passierte einfach nichts. Wenn es klappte, war es eine gute Entspannungsmethode, doch ich wollte darüber hinausgehen. Zen-Meditation zu praktizieren, fiel mir zunächst sehr schwer. Ich konnte am Anfang kaum länger als zehn Minuten sitzen, die Beine taten mir weh, pausenlos kreisten Gedanken durch meinen Kopf, was ich später tun wollte und ob es nicht doch etwas Besseres gäbe, als hier einfach zu sitzen. Mit der Zeit begriff ich, daß es nicht darum ging, sich ruhig zu stellen oder gedanklich in eine angenehmere Welt zu entfliehen, sondern darum, das zu akzeptieren, was im Augenblick gerade vor sich ging. Verkehrsgeräusche, ein Zucken im linken Fuß, Gedankenformen, Erinnerungen, alles war *gleichgültig*. Ich lernte etwas sehr Wichtiges: Geduld und Disziplin. Diese Form der Meditation in ihrer Einfachheit und Klarheit begleitete mich viele Jahre lang. Ich praktiziere sie noch heute, allerdings nicht in der strengen Form, wie sie in den Zen-Schulen gelehrt wird.

Mein Leben wurde intensiver, ereignisreicher und herausfordernder. Ich traf viele Menschen, die mir neue Wege und Möglichkeiten zeigten. Ein großer Wandel fand statt, als ich zum ersten Mal an einem Feuerlauf teilnahm. Die Tatsache, daß ich unverletzt über glühende Kohlen gehen konnte, zeigte mir, daß ich viel mehr war, als ich zu sein schien. An diesem Abend machte ich einen Sprung, zu dem ich vorher wahrscheinlich nicht fähig gewesen wäre: Ich entschloß mich, an einer Transformationsgruppe teilzunehmen, die zwei Jahre dauern sollte. Ich hatte keine Ahnung, was mich erwartete. Es wurden zwei Jahre wie auf einer Achterbahn. Ich fiel in Löcher, von denen ich vorher nicht einmal gewußt hatte, daß sie existierten. Es geschahen Wunder, die ich nicht für möglich gehalten hatte. Alle zwei Monate wollte ich aufhören. Ich begegnete meinen Widerständen und Schattenseiten, meinen Ängsten, meinen Schwächen und Stärken. Immer wieder ging ich über die Grenzen, die mir mein Verstand und meine Vergangenheit setzten, hinaus. Manchmal war es sehr schmerzlich und manchmal schöner als fliegen.

In dieser Zeit begegnete ich zufällig Reiki - es fiel mir zu. Die Bemerkung meines Gruppenleiters "Reiki ist das einzige Seminar, bei dem man wirklich etwas in die Hände bekommt" machte mich neugierig. Als ich das erste Mal an einer Gruppenbehandlung teilnahm, war ich anfangs erstaunt, daß man nichts lernen mußte und sich dabei sogar unterhalten konnte. Ich spürte deutlich ein Fließen und eine Veränderung der Energie. Etwas war in Gang gekommen, doch ich wußte nicht, was es war. Kurz darauf machte ich den 1. Reiki-Grad. Reiki wurde zu meinem ständigen Begleiter auf meinem Weg. Ich experimentierte viel damit, auch im Zusammenhang mit anderen Energiesystemen, lernte immer wieder neue Seiten dieser Energie kennen, und trotzdem entzog es sich einer endgültigen Einordnung. Die Kraft von Reiki hat mich bei allen Methoden, mit denen ich gearbeitet habe, sehr unterstützt. Ich hatte mehr Energiepotential zur Verfügung, tiefer und weiter zu gehen, auch in Bereiche, vor denen ich Angst hatte. Es hat mich auf eine tiefere Ebene meines Seins geführt. Immer öfter erlebe ich jetzt Momente, wo ich ganz im Augenblick sein kann und nicht mehr ein besonderes Glück suche oder einen besonderen Zustand. Wenn ich meine Hände auf meinen Körper lege, fühle ich mich mit der Energie verbunden und aufgehoben. Es ist, als würde ich zuhause ankommen. Manchmal ist da auch Leere, aber diese Leere erschreckt mich nicht mehr, weil es keine Leere ist, die so oft von Sinnlosigkeit begleitet war, sondern eine Leere, in der alle Möglichkeiten enthalten sind.

Nachdem ich zwei Jahre mit Reiki gearbeitet hatte, entstand in mir der Wunsch, diese Energie selbst weiterzugeben. Damals war das noch sehr schwierig. Reiki-Lehrer wurden nur in den USA ausgebildet, außerdem kostete es ziemlich viel Geld. Ich gab den Plan wieder auf, als ich merkte, daß ich noch nicht bereit war, auch Opfer zu bringen oder Schwierigkeiten auf mich zu nehmen. Meine Absicht war noch nicht stark genug. Ich stellte den Wunsch zur Seite, beendete verschiedene Ausbildungen und versuchte, soviel wie möglich über mich selbst zu lernen. Heute weiß ich, daß diese Vorbereitung notwendig war. Ich arbeitete in einer Agentur für Öffentlichkeitsarbeit, was mir sehr viel Spaß machte und mich sehr forderte. Am Wochenende leitete ich Meditations-

und Entspannungsgruppen und hatte die ganze Angelegenheit schon fast vergessen. Reiki-Lehrer zu werden, schien noch nicht dran zu sein. Und dann kam es praktisch über Nacht zu mir ins Haus. Bei der Organisation eines Feuerlauf-Seminars fragte mich der Gruppenleiter, ob eine Teilnehmerin aus den USA bei mir übernachten könnte. Meine erste Reaktion war Widerstand. Ich hatte bereits einen Gast in der Wohnung, und die Vorbereitungen für den Kurs nahmen mich sehr in Anspruch. Außerdem sind Feuerläufe sehr anstrengend, weil sie totale Präsenz und Aufmerksamkeit erfordern. Das Seminar geht meist bis vier oder fünf Uhr morgens, und ich mußte am nächsten Tag arbeiten. Ich wollte schon empört ablehnen und sagte dann zu meiner eigenen Überraschung zu. Mit dieser Entscheidung, die nicht aus meinem protestierenden Verstand kam, erlebte ich sehr hautnah ein altes spirituelles Gesetz: Wenn man bereit ist, völlig loszulassen, geschehen die Dinge wie von selbst, man muß sich nicht mehr anstrengen. Die Teilnehmerin aus den USA entpuppte sich als die Reiki-Meisterin Paula Horan, die wiederum Reiki-Lehrer ausbilden konnte, was erst seit kurzem möglich war. Allerdings mußte ich dann nochmals loslassen, denn ich hatte kein Geld für die Ausbildung. Nach einigen schlaflosen Nächten entschloß ich mich, mein Sicherheitsdenken und meine Zweifel hinter mir zu lassen und ins Unbekannte zu springen.

Seitdem ist viel passiert. Reiki zu lehren und weiterzugeben, ist aufregend, manchmal anstrengend, doch immer voller Lebendigkeit und Wachstum. Es fordert und gibt zugleich. Durch die Seminare bleibe ich sozusagen am Puls der Energie und muß immer neu überpüfen, wo ich stehe und was meine Verantwortung ist. Reiki ist sehr komplex und gleichzeitig sehr einfach. Es kann uns auf andere Bewußtseinsebenen führen und es ist eine ganz praktische Lebenshilfe für den Alltag. Beides ist darin enthalten, es ist allumfassend, durch nichts eingeschränkt. Man kann es auf allen Ebenen erleben. Im Grunde ist es kein Weg in sich, sondern ein Begleiter auf unserem Lebensweg. Es kann uns zu dem führen, was wir wirklich sind. Je mehr ich mich der Kraft überlasse, umso mehr kann ich ihr überall begegnen, bei Spaziergängen in der Natur oder in tiefer Meditation genauso wie beim Geschirrspülen. Reiki kann ein Wegweiser in die Ganzheit sein, wo die Gegensätze nicht bekämpft, sondern integriert werden. Die Initiationen oder Einstimmungen finden nicht nur im Reiki-Seminar statt, sondern auch nachher. Jedesmal, wenn wir eine weitere Stufe in unserer Entwicklung erreichen, ist dies eine Art Einweihung in eine andere Form des Seins.

Kapitel 2:

Das Boot besteigen
Reiki als Einstieg auf dem Weg zu sich selbst

Nichts, was in der Welt existiert, ist außerhalb von Dir, suche in Dir selbst alles, was Du sein willst.

(Rumi)

"Eine Freundin hat mir begeistert von Reiki erzählt und es mir empfohlen."
"Ich habe ein Buch über Reiki gelesen, und es hat mich unmittelbar angesprochen."
"Eine Reiki-Behandlung hat mir so gut getan, daß ich es selbst lernen wollte."
"Es fasziniert mich, daß jeder Reiki lernen kann."
"Ich habe schon viel gemacht. Mit Reiki habe ich das gefunden, was ich immer gesucht habe."

"Reiki gefällt mir, weil es so einfach ist und weil ich es jederzeit anwenden kann."
"Es hat mich erstaunt, daß man Reiki an einem Wochenende lernen kann. Ich wollte herausfinden, ob das möglich ist."

Diese Antworten bekommt man meistens, wenn man Menschen fragt, warum sie Reiki machen. Was sie anspricht, sind die Einfachheit der Methode und die unbegrenzten Anwendungsmöglichkeiten. Ganz gleich, wo man steht, ob man schon viele Wege ausprobiert hat oder ein völliger Neuling auf diesem Gebiet ist, Reiki holt jeden Menschen auf seiner individuellen Entwicklungsstufe ab. Man muß keine besonderen Voraussetzungen erfüllen, ein hoch entwickelter Mensch sein oder schon jahrelang meditiert haben, um ein Reiki-Seminar zu besuchen. Die Lebenskraft fließt in jedem von uns und kann verstärkt und beschleunigt werden, wenn man dafür bereit ist.

Viele Menschen wollen aus der Langeweile und Unzufriedenheit ihres Alltagslebens heraus, wollen aufwachen, frei sein und ihre eigene Kraft entdecken. Sie empfinden ihr gewöhnliches Leben oft als ein Gefängnis und suchen nach Möglichkeiten, aus der Trägheit und den immer gleichen Blockaden herauszukommen. Auch wenn es nach außen oft nicht so aussieht, im Grunde unseres Herzen wollen wir unsere Grenzen überschreiten und auf Entdeckungsreisen gehen. Viele wissen nicht, wie sie das anstellen sollen, versuchen es mit Ersatzbefriedigungen oder Ablenkungen und bleiben doch unerfüllt. Am Anfang jedes spirituellen Weges steht die Unzufriedenheit mit dem bisherigen Leben. Das Gefühl, daß etwas Entscheidendes fehlt, kann dazu führen, sich tiefer mit den Fragen zu befassen, die die Menschheit schon immer bewegt hat: Was ist der Sinn meines Lebens? Wie kann ich ein wirklich erfülltes Leben führen? Inzwischen gibt es sehr viele Möglichkeiten, diesen Fragen nachzugehen und an sich selbst zu arbeiten. Das Angebot an Therapien und Selbstfindungsseminaren ist so groß, daß es schwierig geworden ist, den richtigen Weg für sich herauszufinden.

Der 1. Reiki-Grad kann ein Einstieg sein, sich selbst besser kennenzulernen und den eigenen Energien, Ängsten und Hoffnungen, Vorstellungen und Erwartungen zu begegnen. Es kann sehr deutlich werden, wo man in seinem Leben gerade steht. Der Prozeß beginnt schon bei der Anmeldung. Ich erlebe immer wieder, daß sich Leute anmelden und dann wieder zurücktreten. Manche stellen plötzlich fest, daß es ihnen zu teuer ist, andere werden kurz vor dem Seminar krank. Oder es erscheint jemand zehn Minuten vor Beginn des Kurses und möchte unbedingt noch mitmachen. Der Entschluß, etwas zu machen, wovon man letzlich nicht weiß, was dabei herauskommt und wie es sich auf das zukünftige Leben auswirkt, kann ein wichtiger Lernprozeß in der eigenen Entwicklung sein. Ich habe noch nie jemand zu einem Reiki-Seminar überredet. Die Entscheidung muß von jedem selbst kommen. Zu Beginn des Seminars erkenne ich die Teilnehmer immer ausdrücklich dafür an, daß sie gekommen sind. Es ist etwas anderes, ob ich Bücher über etwas lese, Vorträge besuche, darüber rede und es ganz toll finde oder mich wirklich darauf einlasse, indem ich es mache. Dazu gehört Mut und die Bereitschaft, sich für etwas Neues zu öffnen. Manchmal kann es sogar wichtig sein, das Seminar nicht zu machen. Ich hatte einmal eine Teilnehmerin, die von ihrem Mann angemeldet worden war. Sie saß nervös und verstört im Gruppenraum und war sich nicht sicher, ob sie bleiben oder wieder gehen sollte. Ich gab ihr zehn Minuten, sich zu entscheiden. Sie ging wieder nach Hause. Dieses Erlebnis war für sie wahrscheinlich wichtiger als das Seminar. Vielleicht hatte sie zum ersten Mal in ihrem Leben deutlich gesehen, daß sie ihr Leben von anderen bestimmen ließ. Reiki ist wie ein Scheinwerfer, der die Dinge in helles Licht taucht, so daß sie klarer hervortreten. Da ein Reiki-Kurs jedoch kein Encounter-Seminar ist, werden Menschen auf sanfte Art mit sich selbst konfrontiert. Nichts wird von ihnen gefordert, man muß nichts Spezielles tun oder etwas Schwieriges lernen. Die Selbsterkenntnis findet auf sehr subtile Weise statt - durch die direkte Erfahrung mit der Energie.

Viele begegnen mit Reiki einer Ebene in sich selbst, die ihnen verlorengegangen war - ihrer Lebendigkeit. Lebendigkeit schließt alle Gefühle und Empfindungen ein, angenehme und unangenehme. Normalerweise sind wir nicht in Kontakt damit, weil wir mehr in unserem Kopf als in unserem Körper leben und uns viele Gefühle und Empfindungen nicht bewußt sind. Im Reiki-Seminar erhofft man sich Erklärungen darüber, was Energie ist, wie man mehr davon bekommen kann, wie sie einzuordnen ist und wie man sie herbeizaubern kann. Es wird zwar teilweise auf diese Themen eingegangen, doch der Schwerpunkt liegt auf dem Erleben und Erfahren. Mancher Teilnehmer ist sehr erstaunt zu hören, daß er selbst diese Energie ist und daß sie mit Reiki nur verstärkt und beschleunigt wird. Mit der subtilen Energie von Reiki ist es leichter, das Wunder des eigenen Körpers wieder zu entdecken und sich auch ungewöhnlichen Erfahrungen zu öffnen. Es kann eine Gelegenheit sein, den Sprung zu wagen auf eine andere Ebene des Seins, auf der man tiefer mit sich selbst in Kontakt ist.

"Während der Behandlung spürte ich an bestimmten Stellen sehr viel Wärme, andere waren eiskalt. Am Anfang war es mir unangenehm, berührt zu werden, doch das Gefühl verschwand nach einiger Zeit. Ich konnte mich zuerst schlecht entspannen und wollte immer die Augen öffnen, um zu sehen, was passiert. Gegen Ende fiel ich in einen leichten Schlaf."

*

"Mir selbst Reiki zu geben, fällt mir schwerer, als es zu bekommen. Ich werde dann oft ungeduldig oder schaue öfter auf die Uhr, ob ich auch die 3-5 Minuten einhalte. Wenn es mir meine

Schwester gibt, kann ich ganz loslassen und bin oft ganz erstaunt, wenn die Stunde vorbei ist."

*

"Ich habe zum ersten Mal deutlich gespürt, wieviel Spannungen ich im Körper habe. Manche Stellen sind wie tot, als würden sie nicht zu mir gehören. Meine Füße waren ganz kalt. Als ich aufstand, war mir leicht schwindlig, und ich wußte für einen Moment nicht, wo ich war. Ich hatte das Gefühl, daß in meinem Körper etwas in Bewegung gekommen war, was ich nicht einordnen konnte."

*

"Ich konnte nach einiger Zeit nicht mehr unterscheiden, wo die Hände waren. Bei jeder Position spürte ich, wie mein Körper zum Leben erweckt wurde. Ich war sehr da, und die Gedanken wurden immer weniger und unwichtiger. Ich hätte noch lange so liegen bleiben können."

Mit Reiki können wir unsere Kraft, unsere Stärke, aber auch unsere Verwundbarkeit und Verletzlichkeit spüren. Da im Seminar sowohl Eigenbehandlung als auch Partner- und Gruppenbehandlung praktiziert wird, ist dies eine gute Gelegenheit, genauer hinzuschauen, was man vorzieht und wo man Schwierigkeiten hat. Es ist wichtig, dies nicht zu bewerten, sondern einfach anzuerkennen, daß es so ist. Meist lassen sich daraus Rückschlüsse ziehen, wie man auch im Leben mit sich selbst oder mit anderen umgeht. Wenn man Reiki im Alltag anwendet, kann man viel über sich selbst lernen. Wieviel Zeit nehme ich mir, um mir selbst Energie zu geben? Was ist mir wichtig? In welchen Situationen meine ich, daß es andere dringender brauchen als ich? Wieviel Angst habe ich, daß ich zuviel Energie habe oder nicht damit umgehen könnte?

Es ist ein erstaunliches Phänomen, daß wir vor unserer Lebenskraft, die ja die eigentliche Essenz unseres Seins ist, Angst haben.

Wir glauben, daß Kraft in erster Linie zerstörerisch ist, statt konstruktiv und kreativ. Angst ist die gebundene Energie, die uns am meisten blockiert und uns von der Lebendigkeit abschneidet. Ich erlebe oft, daß Menschen bei Behandlungen oder im Seminar Angst haben, sie könnten tatsächlich ihre eigene Kraft entdecken. Wie viele Dinge tun wir nicht, weil wir Angst haben, was die Nachbarn denken, oder daß wir dafür kritisiert werden. Wir haben Angst, zu auffällig zu sein, zu lebenslustig oder zu überschäumend, uns zu sehr hervorzuheben, anders als andere zu sein. Diese Ängste stammen fast alle aus der Kindheit - jeder von uns wurde für solche Äußerungen der Lebenslust irgendwann einmal als Kind kritisiert. Wenn wir sie freisetzen, haben wir ein ungeheures Energiepotential zur Verfügung und können wirklich lebendig sein.

"Mit Reiki bin ich sehr viel selbstbewußter geworden. Ich traue mich jetzt öfter zu sagen, wenn mir etwas nicht gefällt. Es gibt mir mehr Sicherheit, meine Gefühle auszusprechen, ohne auf den anderen loszugehen."

*

"Seit ich Reiki praktiziere, komme ich besser in meiner Firma zurecht. Wenn ich nervös werde, lege ich mir kurz die Hände auf und kann dann besser mit der Situation umgehen. Ich habe auch mehr Verständnis für die Reaktionen anderer und bin nicht mehr so kritisch."

*

"Ich bin immer wieder überrascht, wieviel Kraft ich nach einer Eigenbehandlung habe. Ich kann Dinge, die ich nicht mag, leichter erledigen und muß mich nicht so dabei anstrengen. Manchmal ist es auch umgekehrt: Ich werde danach ziemlich müde. Das zeigt mir dann meistens, daß ich mir nicht genug Ruhe gegönnt habe. Es ist auch keine erschöpfte, sondern mehr eine entspannte Müdigkeit."

Viele erfahren zum ersten Mal, was es heißt, etwas geschehen zu lassen. Auch das ist für die meisten von uns ungewohnt. Wir sind so darauf gedrillt, immer zu funktionieren und etwas zu tun, daß einfach nur dazuliegen und die Hände über den Körper wandern zu lassen, fast schon eine Überwindung erfordert. Einfach abschalten, nichts tun, da kann doch etwas nicht stimmen. So einfach kann es nicht sein. Aber gerade diese Einfachheit macht Reiki zu einer kraftvollen Methode, die einem immer weiter und tiefer führt. Reiki kann man überall anwenden, in der U-Bahn, im Wartezimmer, im Zug, beim Zahnarzt. Geübte können es praktizieren, ohne sich allzusehr dabei zu verrenken oder die erstaunten Blicke ihrer Mitmenschen auf sich zu ziehen. Man hat sozusagen die Instrumente - die Hände - immer bei sich. Als ich eine Zeitlang kein Auto hatte, habe ich mir immer im Zug Reiki gegeben. Es war wunderbar entspannend, das Fließen der Energie zu spüren und dabei gleichzeitig die vorbeiziehende Landschaft zu betrachten. Obwohl man sich nicht darauf konzentrieren muß, kann es wie ein Mantra sein. Ein Mantra hat ja die Aufgabe, den Geist zu fokussieren. In diesem Fall ist man mit seinem Bewußtsein bei sich selbst und dem Gefühl in den Händen und nicht bei den endlosen Wiederholungen, die sich im Geist abspielen.

Gerade die Einfachheit und ständige Verfügbarkeit von Reiki ist für viele Menschen ein Tor, sich dem Leben und seinen Möglichkeiten mehr zu öffnen. Eine solche Öffnung ist immer möglich: Es hängt nicht davon ab, wie alt jemand ist oder was er vorher gemacht hat. Zu den Seminaren kommen alte und junge Menschen, Kinder und Erwachsene, Kranke und Gesunde, Frauen und Männer aus allen Berufen und mit ganz verschiedenen Lebensgeschichten. Bewegung und Wandel kann in jedem Alter stattfinden. Übrigens sind gerade alte Menschen oft sehr dankbar, Reiki zu begegnen. Es kann dazu beitragen, die Vergangenheit abzuschließen, mehr im Jetzt zu sein und Erfüllung zu finden.

Durch die Harmonisierung der Energie werden leichtere Beschwerden oft gelindert. In unserer Gesellschaft werden alte Leute meist abgeschoben oder einfach ihrem Schicksal überlassen. Wenn sie selbst etwas für sich tun können, gibt ihnen das ein Gefühl von Kraft. Jungen Leuten kann Reiki helfen, sich selbst und einen Weg zu finden, der nicht so sehr von Äußerlichkeiten bestimmt ist; sie können die Grenzen, die man ihnen in der Kindheit gesetzt hat, überschreiten und sich immer weiter hinauswagen auf dem Pfad des Lebens.

Reiki kann durch seine Ganzheitlichkeit eine Tür öffnen zu Eigenschaften, Fähigkeiten oder Ebenen in uns, die wir bisher ignoriert haben oder die uns nicht bewußt waren. Blockierte Energien werden freigesetzt, und es passieren oft überraschende Veränderungen. Reiki kann mich darauf aufmerksam machen, was jetzt gerade dran ist auf meinem Weg. Das mag vielleicht bedeuten, daß ich etwas Altes loslassen und etwas Neues annehmen soll, was nicht immer leicht ist. Für die meisten Menschen ist dieser Aspekt von Reiki eine große Herausforderung und Chance, über ihre jetzige Situation hinauszuwachsen.

"Ich habe auf einmal mehr Zeit als vorher, seit ich mir regelmäßig jeden Tag Reiki gebe. Ich möchte diese Stunde, die ich mir selbst gönne, nicht mehr missen. Ich mache es meist morgens, bevor ich aufstehe, und der Tag verläuft dann ganz anders. Sonst habe ich mir morgens schon Gedanken gemacht, wie ich den Tag überstehe und was wohl heute alles auf mich zukommt. Früher habe ich mir nie Zeit für mich selbst genommen, war meistens gehetzt und dachte, daß ich überhaupt nichts schaffe. Ich bin ruhiger und gelassener geworden."

*

"Ich habe Sport immer gehaßt und fand diese Fitneß-Fanatiker einfach lächerlich. Seit einiger Zeit stelle ich zu meiner Überraschung fest, daß ich ein Bedürfnis nach körperlicher Bewegung

habe. Ich gehe oft tanzen und mache jeden Morgen Gymnastikübungen."

*

"Seit acht Jahren erzählten mir alle Ärzte, daß ich keine Kinder bekommen kann. Ich hatte die Hoffnung schon aufgegeben. Drei Monate nach dem 1. Grad wurde ich schwanger. Ich konnte es nicht glauben."

Wir können das Tempo der eigenen Entwicklung selbst bestimmen. Reiki verstärkt und beschleunigt jeden körperlichen und seelischen Heilungsprozeß, läßt uns jedoch völlige Freiheit, wie wir damit umgehen. Wenn wir an eine Grenze kommen, können wir selbst entscheiden, ob wir weitergehen oder erst einmal eine Pause einlegen wollen. Nach dem 2. Grad machte ich zweimal die Erfahrung, daß ich meinen Körper verließ. Es war eigentlich nicht überraschend, denn ich hatte einige Zeit Reiki speziell auf Bewußtseinsveränderung gegeben. Aber es erschreckte mich auch, denn in Wirklichkeit war ich noch nicht bereit dafür. Außerdem wurde mir klar, daß es zu dieser Zeit wichtiger war, an mir selbst zu arbeiten, bevor ich auf irgendwelchen Astralebenen herumreiste. Das kann gefährlich sein, wenn man noch nicht gut zentriert ist.

Reiki ist wie ein Lichtstrahl, der die Dinge klarer macht und Aspekte ins Spiel bringt, die wir vorher vielleicht nicht gesehen haben. Das ist nicht immer angenehm, denn es wirkt ganzheitlich und zeigt uns sehr deutlich auch unsere Schwächen, Fehler, Muster und Selbsttäuschungen. Es ist wie ein Schutzgeist oder Freund, der immer da ist und uns auf unsere wirkliche Bestimmung hinweist, indem er uns kleine Lichtblitze der Erkenntnis gibt. Was wir daraus machen, liegt in unserer Verantwortung. Ehrlichkeit sich selbst gegenüber ist Teil dieser Verantwortung.

Fast alle, die längere Zeit Reiki praktizieren, beginnen sich für die Zusammenhänge zwischen Geist und Materie zu intereressieren und experimentieren teilweise auch damit. Sie geben es auf Pflanzen, Tiere und Gegenstände. Geschichten über Heilung von defekten Autobatterien, CD-Playern und Fernsehapparaten werden mir oft erzählt. Eine gab sogar Reiki auf den Benzinverbrauch ihres Autos und stellte fest, daß er geringer wurde. Warum auch nicht, schließlich hat all das mit Energie zu tun, und es trägt außerdem dazu bei, bewußter mit den Dingen umzugehen. Eine Teilnehmerin zeigte mir später stolz ihre Grünpflanzen, auf die sie täglich Reiki gab. Sie waren ungewöhnlich kräftig entwickelt und sahen wirklich wunderschön aus. Allerdings ist man auch hier vor Überraschungen nicht sicher. Ich führte einmal ein ähnliches Experiment mit einem Hibiskus durch, mit dem Ergebnis, daß er Millionen Blattläuse bekam. Aus der Sicht der Blattläuse war dies sicher ein großer Erfolg; mir paßte das weniger, und ich brauchte einige Zeit, bis ich verstanden hatte, daß das natürliche Ende der Pflanze gekommen war. Reiki richtet sich nicht unbedingt nach den eigenen Vorstellungen und Wünschen. Darauf werde ich in späteren Kapiteln noch eingehen.

Reiki ist ein Anfang, ein erster Schritt in der Auseinandersetzung mit sich selbst, die erste Begegnung mit anderen Möglichkeiten und Erfahrungen. Da es sehr einfach und gleichzeitig sehr tiefgehend ist, kann es uns Klarheit verschaffen, wie wir weitermachen wollen.

Wir werden durch Reiki immer wieder daran erinnert, was wir wirklich sind: Lichtwesen voller Kraft und gleichzeitig verletzliche Erdenbewohner, die ihren Weg zurück ins Licht finden müssen. Jedesmal, wenn ich mir die Hände auflege, nehme ich Verbindung auf zu diesem wahren Selbst und zu einer Wirklichkeit, die jenseits meiner derzeitigen Wahrnehmung liegt. Meine Hände und mein Körper bringen mich zu mir selbst zurück, zu meinem Ursprung. Wenn ich die Lebensenergie auf diese Weise nutze, können sich meine Sichtweise und mein Verständnis der größeren Zusammenhänge beträchtlich erweitern.

Hinweis zu den Übungen

Natürlich können die Übungen auch von Menschen durchgeführt werden, die noch nicht den 1. oder 2. Reiki-Grad gemacht haben. Sie sind jedoch nicht als Entspannungsübungen gedacht, auch nicht als Hinführung zu Reiki, sondern mehr als Forschungsreise zu neuen Erfahrungen und als Gelegenheit, sich besser kennenzulernen. Sie können dazu beitragen, sich für tiefere Ebenen zu öffnen. Man sollte sie auch nicht als Pflicht empfinden. Am besten nähert man sich ihnen mit der Einstellung eines Kindes, das ein neues Spiel ausprobiert.

Es kann hilfreich sein, vorher eine körperliche Anstrengung zu unternehmen, bei der man außer Atem kommt: zum Beispiel die Kundalinimeditation oder auch zehn Minuten joggen oder tanzen oder auf dem Heimtrainer radeln. Wer Treppen zu Hause hat, kann sie dreimal hinauf und hinunterrennen. Körperliche Bewegung bringt uns aus unseren Denkmustern heraus und macht empfänglicher für feinere Schwingungen.

Man kann die Übungen im Sitzen oder im Liegen durchführen. Beim Liegen besteht allerdings die Gefahr, daß man dabei einschläft. Wer dazu neigt, sollte sie lieber im Sitzen machen. Wichtig ist, dabei entspannt und gleichzeitig sehr wach und aufmerksam zu sein. Einfach offen sein für alle Erfahrungen, auf eine empfängliche Art neugierig, und das geschehen lassen, was geschieht, ohne daran festzuhalten.

Übung: Lebensenergie spüren

Setze dich bequem auf einen Stuhl, der Rücken kann angelehnt sein. Die Füße sollten die Erde berühren, die Hände liegen locker auf den Oberschenkeln. Schließe jetzt Deine Augen und gehe mit Deiner Aufmerksamkeit langsam durch Deinen Körper. Beginne mit den Füßen. Spüre, wie sie den Boden berühren, an welchen Stellen Du den Boden wahrnimmst. Versuche herauszufinden, wo die Grenze zwischen Deinen Füßen und dem Boden verläuft. Gehe jetzt langsam mit Deiner Aufmerksamkeit zu den Knöcheln und den Unterschenkeln. Du mußt nichts Besonderes spüren, nur wahrnehmen, welche Teile Dir bewußt sind. Falls Du Verspannungen entdeckst, fühle in sie hinein, aber versuche nicht, sie zu ändern. Lenke Dein Bewußtsein jetzt in Deine Oberschenkel, dann in Dein Gesäß. Spüre, wie Du auf dem Stuhl sitzt. Wandere jetzt mit Deiner Aufmerksamkeit den Rücken hinauf. Welche Stellen fühlst Du? Mit welchen Stellen hast Du keinen Kontakt? Gehe jetzt mit Deiner Aufmerksamkeit in die Schultern, den Hals und den Kopf, dann in die Ober- und Unterarme und zum Schluß in die Hände und Finger. Du kannst das ganz langsam tun, wie in Zeitlupe. Deine Aufmerksamkeit ist sanft, wie ein leichtes Berühren. Dann versuche, Deinen Körper in seiner Gesamtheit wahrzunehmen. Wo sind seine Umrisse und Grenzen? Nimm Deinen Atem wahr, wie er ein- und ausfließt, wie sich Dein Körper dabei bewegt. Ändere nichts an Deinem Atemfluß, auch wenn er unregelmäßig ist, beobachte nur.

Lege jetzt Deine Hände so zusammen, daß sich die Händflächen berühren, und spüre in sie hinein. Nimm sie dann ganz langsam auseinander, ca. 20 bis 30 cm, und führe sie wieder zusammen. Du kannst den Abstand zwischen den Händen variieren. Was empfindest Du zwischen den Händen? Kannst Du eine Verbindung spüren, wenn die Hände auseinandergehen? Wo spürst Du die Verbindung? In den Handflächen? In den Fingerspitzen?

Lege zum Schluß die Hände auf Dein Herzchakra (es befindet sich ungefähr in der Mitte der Brust), die linke Hand zuerst, die rechte darüber. Atme sanft in diesen Bereich hinein und bleibe noch eine Zeitlang mit Dir selbst und Deiner Energie.

Wenn Du soweit bist und es sich für Dich richtig anfühlt, öffne die Augen.

Kapitel 3:

Inseln im Fluß
Wünsche - Erwartungen - Sehnsüchte

Die meisten Menschen kommen mit Wünschen und Erwartungen ins Reiki-Seminar. Das ist ganz verständlich. Vor allem jetzt, wo die Esoterik sich ausbreitet. Vorher haben wir uns ein Auto oder einen tollen Partner gewünscht oder mehr Geld oder einen interessanteren Job, jetzt erwarten wir von jedem Seminar Erleuchtung, Erkenntnis, Lichterlebnisse und Bewußtseinserweiterung. Fast jeder hat irgendein spezielles Problem, für das er sich die Lösung erhofft.

"Ich bin oft müde und erschöpft, ich möchte mehr Energie bekommen und mehr aus meinem Leben machen."

*

"Unter meinen Verwandten und Freunden sind viele krank. Ich möchte ihnen helfen und dazu beitragen, daß sie wieder gesund werden."

"Ich bin mit meiner Arbeit nicht glücklich und möchte gerne etwas anderes machen, weiß aber nicht, was. Vielleicht kann mir Reiki helfen, mehr Klarheit zu bekommen."

*

"Ich habe viele körperliche Probleme, bin oft krank. Ich möchte selbst etwas für meine Gesundheit tun."

Wir suchen alle nach dem verlorenen Paradies, nach einem Platz, wo alles in Ordnung ist, wo wir gesund, glücklich und zufrieden sind. Dieser Platz scheint jedoch immer entweder in der Vergangenheit oder in der Zukunft zu liegen, nie in der Gegenwart. Das Thema unerfüllte Liebe und Sehnsucht füllt weltweit Bücherregale und Filmleinwände. Theaterstücke, Schlager, Bücher, Hunderte von Seiten sind darüber geschrieben worden. Immer ist der oder die Geliebte oder das Paradies des Glücks fern und unerreichbar. Wir verbringen manchmal unser ganzes Leben damit, entweder hartnäckig an verschlossene Türen zu klopfen oder Phantasien nachzulaufen. Wenn Scarlett O'Hara im Roman "Vom Winde verweht" nach ca. 600 Seiten feststellt, daß sie die ganze Zeit einer Illusion nachgerannt ist, so ist das zwar nur Literatur, spiegelt jedoch recht genau wieder, was wir in unserem täglichen Leben ebenfalls tun. Jeder hat natürlich eigene Vorstellungen darüber, wie Glück und Erfüllung aussehen, doch ähneln sich diese geistigen Bilder bei den meisten Menschen: Gesundheit, Liebe, materieller Wohlstand, Zufriedenheit. Zum Teil stammen die Wunschbilder aus der Kindheit, zum Teil übernehmen wir sie von anderen, oder sie werden durch Werbung und Filme verstärkt. Und es sieht häufig so aus, als ob nur andere Menschen ein glückliches Leben hätten, wir selber aber nicht.

Erwartungen und Hoffnungen schaffen auf der Energieebene eine Barriere, die Verwirklichung und Erfüllung regelrecht verhindern kann. Die gesamte Aufmerksamkeit fließt in ein bestimmtes Bild darüber, wie das Ergebnis aussehen soll: "Nur dieser Mensch kann mich glücklich machen." "Erst wenn ich ein schönes Haus habe, wird mein Leben angenehm sein." "Wenn ich diese Krankheit los bin, fange ich an zu leben." Die Energie kann nicht frei in alle Richtungen fließen, weil sie auf ein ganz bestimmtes Ziel in der Zukunft ausgerichtet und damit von der Gegenwart abgeschnitten ist. Erfahrungen im Jetzt, die vielleicht durchaus erfüllend sind, werden nicht wahrgenommen. Wir können jedoch die ungeheure Kraft in den Wünschen und Erwartungen nützen, wenn wir uns weniger auf den Inhalt bzw. die Erlangung des Wunschobjekts konzentrieren, sondern mehr auf die Energie selbst. Was verbirgt sich wirklich hinter dem Wunsch nach einem gut gefüllten Bankkonto, dem idealen Liebhaber oder einer tollen Karriere?

Ich habe einmal ein sehr interessantes Seminar gemacht, wo man mit einer bestimmten Rückführungstechnik Wünsche bis zu ihrem Ursprung verfolgen konnte. Man ging von einem konkreten Wunsch in der Gegenwart aus und dann immer weiter zurück zu Ereignissen, bei denen ähnliche Wünsche aufgetreten waren. Es ging vor allem um die Gefühle, die mit der Erfüllung des Wunsches verbunden waren. Das Verblüffende war, daß alle Wünsche letztlich auf Grundbedürfnisse nach der Geburt und in den ersten Lebensjahren zurückgingen: Wärme, Sicherheit, Nahrung und Schutz. Das traf sogar auf Wünsche zu, bei denen man das zunächst nie angenommen hätte, wie zum Beispiel der Wunsch nach einem neuen Auto.

Mit Reiki kann man Klarheit darüber bekommen, ob man sich etwas nur wünscht oder in seinem tiefsten Herzen wirklich will. Auf den ersten Blick kann man das oft nicht unterscheiden, aber zwischen einem Wunsch und einer wirklichen Absicht liegen Welten. Der Prozeß, der sich abspielt, wenn man Energie auf etwas gibt, kann mehr Bewußtheit darüber bringen, worum es bei einem Wunsch oder Projekt geht. Wenn hinter dem Wunsch, etwas Bestimmtes zu erreichen, eine tiefere Absicht liegt, werden die Energien so geführt, daß diese Absicht sich erfüllen kann. Das hat wenig mit dem bewußten Willen, der ja in erster Linie vom Ego ausgeht, zu tun. Beispielsweise lag hinter meinem Wunsch, Reiki-Lehrer zu werden, die Absicht verborgen, mit dieser Energie weiter und tiefer zu gehen. Damals wußte ich noch nicht genau, in welcher Form sich das manifestieren würde. Reiki-Lehrer zu werden, erschien mir als die einzige Möglichkeit, einen Schritt weiterzugehen. Es hätte auch ganz anders kommen können, denn Reiki ist so umfassend, daß es unzählige Möglichkeiten gibt, mehr zu lernen. Erst dann, wenn die Dinge sich verwirklicht haben, kann ich erkennen, wie stark meine Absicht wirklich war oder ich nur einem Wunschtraum aufgesessen bin, den ich nie hinterfragt habe.

Vor allem bei der Anwendung des zweiten Grades wird man sich seiner Wünsche und Erwartungen bewußt und was sich dahinter verbirgt. War man beim ersten Grad noch an die Hände gebunden, so glaubt man jetzt, mit Hilfe der Symbole endlich so richtig manipulieren und das Schicksal nach den eigenen Vorstellungen steuern zu können. Ich selbst habe Jahre gebraucht, um mit dieser trickreichen Sache zurechtzukommen. Auch heute noch falle ich öfter auf meine Erwartungen herein und bin enttäuscht, wenn etwas nicht so eintritt, wie ich das erhofft hatte. Nach einiger Zeit stelle ich dann fest, daß es für mein Wachstum zu diesem Zeitpunkt genau das Richtige war. Das Faszinierende bei der Arbeit mit Reiki ist, daß man tatsächlich etwas bekommt, nur ist es nicht unbedingt immer das, was man erwartet. Häufig lösen sich Probleme von selbst, oder es tritt etwas ein, an das man nicht einmal im Traum gedacht hat.

"Ich hatte mich in einen Arbeitskollegen verliebt, fand aber nie den Mut, mit ihm darüber zu sprechen. Ich wußte auch nicht, ob

er meine Gefühle erwiderte. Für mich war er der ideale Partner für eine Beziehung, und ich wollte ihn unbedingt für mich gewinnen. Mehrere Wochen gab ich jeden Tag Reiki darauf und arbeitete auch mit Visualisierung. Bei dieser Technik stellt man sich die Situation, die man gerne haben möchte, in allen Einzelheiten vor. Ich sah lebhaft vor mir, wo wir uns treffen würden und wie er mir sagen würde, daß er mich liebt. Einige Wochen später hatten wir eine Besprechung in der Firma. Danach fragte er mich, ob er mich allein sprechen könnte und machte mir eine Liebeserklärung! Bis in Einzelheiten lief alles genau so ab, wie ich es visualisiert hatte. Nur meine Reaktion darauf war anders als gedacht. Ich saß völlig schockiert vor ihm und wünschte mir nur, möglichst weit weg zu sein. Mir wurde klar, was ich wirklich gewollt hatte: eine Bestätigung, daß ich geliebt werde, aber keine Partnerschaft mit diesem Mann. Wir sind übrigens heute noch miteinander befreundet und besprechen viele Dinge. Durch Reiki wurde die Beziehung klar, und wir können ganz anders miteinander umgehen."

*

"Ich gab über mehrere Wochen einer Frau Reiki, die große Schmerzen in den Beinen hatte. Sie konnte sich kaum bewegen und erwartete sich durch die Behandlungen eine Besserung ihres Zustandes. Wir sprachen auch viel miteinander über ihre Schwierigkeiten in der Familie, und daß sie sich durch ihre Krankheit sehr eingeschränkt fühlte. Unmittelbar nach den Sitzungen fühlte sie sich zwar sehr entspannt, doch die Schmerzen in den Beinen kehrten immer wieder zurück. Als ich das letzte Mal bei ihr war, erzählte sie mir, daß endlich wieder ihre Verdauung funktionierte, nachdem sie jahrelang unter Verstopfung gelitten hatte. Reiki hatte also ganz anders gewirkt, als wir beide ursprünglich erwartet hatten."

*

"In meiner Familie gab es viele Probleme und Unklarheiten. Wir stritten uns darum, wer den Betrieb weiterführen wird. Die

Positionen waren ziemlich verhärtet, keiner wollte nachgeben oder Kompromisse machen. Gespräche führten zu nichts, wir waren uns fremd geworden. Weil ich einfach nicht mehr weiterwußte, begann ich, mit dem 2. Reiki-Grad Energie auf diese unerfreuliche Situation zu geben. Ich übergab die ganze Angelegenheit der höheren Intelligenz. Das tat ich konsequent zwei Jahre lang. Ich hatte die Hoffnung schon völlig aufgegeben, daß sich etwas ändern würde. Und plötzlich klärte sich alles von selbst. Mein Bruder fand eine Arbeit, die ihm Freude machte und kämpfte nicht mehr darum, in den Betrieb zu gehen. Meine Eltern sind ebenfalls glücklich über die jetzige Lösung. Der ganze Kampf ist verschwunden, es ist wie ein Wunder. Das Problem hat sich einfach in Nichts aufgelöst."

Da Reiki ganzheitlich in alle Ebenen fließt, kann man oft lange Zeit nicht sehen oder erkennen, wie und ob es überhaupt wirkt. Wie bei einem Puzzlespiel fallen dann plötzlich alle Teile an ihren Platz, und das ganze Bild wird klar erkennbar. Wenn man in ein Problem verwickelt ist, ist die Perspektive zwangsläufig begrenzt, weil die gesamte Aufmerksamkeit nur auf diesen Blickwinkel beschränkt ist. Wenn es sich dann geklärt hat, wundert man sich oft, warum man so blind für das Offensichtliche war.

Wünsche und Erwartungen sind nicht schlecht, weil man durch sie sehr viel über sich selbst und die größeren Zusammenhänge herausfinden kann. Ich empfehle meinen Teilnehmern immer, Reiki auch auf ganz vordergründige Wünsche zu geben, wie zum Beispiel auf einen Lottogewinn, eine bessere Stelle oder einen idealen Partner. Es ist wichtig, daß wir uns solche Wünsche eingestehen und uns nicht dafür schämen, daß sie nicht spirituell genug sind. Sie drücken sehr deutlich aus, daß wir uns in irgendeinem Bereich unseres Lebens unerfüllt fühlen. Wenn wir diese Wünsche wirklich anerkennen, finden wir auch heraus, was sich dahinter verbirgt. Mit Reiki können wir Licht in die Angelegenheit bringen.

Eine Freundin von mir gab einige Zeit Reiki auf ihre schwierige finanzielle Situation. Sie kam aus einem reichen Elternhaus und war trotzdem ständig in Geldnöten. Durch die Arbeit mit Reiki gewann sie sehr viele Erkenntnisse über ihre Einstellung zu Geld, zu ihrer Arbeit und zu Geben und Nehmen. Ihre Weigerung, genug Geld zu verdienen, war ein unbewußter Protest gegen ihre Eltern, weil sie ihr oft statt Aufmerksamkeit und Zuwendung Geld gegeben hatten. Für sie war es wichtig, zunächst ihre Beziehung zu ihren Eltern zu klären, und danach löste sich auch das Geldproblem.

Wenn wir von einem konkreten Wunsch ausgehen, der uns sehr beschäftigt, können wir in immer tiefere Schichten vordringen. Die Energie von Reiki erhellt die Blockaden und löst sie allmählich auf. Wie schnell die Auflösung erfolgt, hängt davon ab, wie stark die Blockaden sind. Es kann sehr schnell gehen oder Jahre dauern, bis man ein Resultat sieht. Manchmal hat sich der Wunsch dann in Nichts aufgelöst, oder er erfüllt sich völlig unerwartet. Ich habe immer wieder festgestellt, daß die meisten Wunder dann passieren, wenn wir sie am wenigsten erwarten. Wenn wir nicht mehr an bestimmten Ergebnissen hängen, kann die Energie frei in alle Richtungen fließen. Wir lassen los.

Während wir auf unserem Weg weitergehen, ändern sich natürlich auch unsere Wünsche. Manche geben wir einfach auf, weil wir sie für unerfüllbar halten, andere interessieren uns nach einer gewissen Zeit nicht mehr. Wenn wir einem spirituellen Weg folgen, glauben wir wahrscheinlich nicht mehr, daß uns viel Geld glücklicher macht. Doch wird die Herausforderung jetzt größer, weil die Wünsche oft viel subtiler und weniger bewußt sind. Wir können in eine Falle geraten, wenn wir meinen, daß wir jetzt keine materiellen Wünsche mehr haben. Stattdessen wünschen wir uns Erleuchtung, Wachstum oder besondere Erlebnisse. Es gibt auch spirituellen Neid. Statt den anderen um sein schönes Haus zu beneiden, beneide ich ihn um sein Wachstum, seine Erleuchtung, sein Wissen. Es ist nur eine Verlagerung von der materiellen auf die spirituelle Ebene: "Wenn ich Reiki mache, komme ich auf meinem Weg schneller vorwärts." Bis zu einem gewissen Grad stimmt das natürlich, denn Reiki beschleunigt tatsächlich den Wachstumsprozeß. Doch muß man bereit sein, sich für alle Erfahrungen zu öffnen, schöne und schmerzliche. Reiki ist ein wunderbares Mittel, uns zu unterstützen, doch leben und lernen müssen wir selbst. Es ist wichtig, dem eigenen Erleben zu vertrauen und sich nicht mit anderen zu vergleichen. Das eigene Erleben ist immer gültig und für neue Erkenntnisse zugänglich.

Reiki ist kein Patentrezept, um sich seine Wünsche schneller zu erfüllen, seien es materielle oder geistige. Es kann uns helfen, sie bewußt anzunehmen und aus ihnen zu lernen. Das Ziel ist aber auch nicht, einen Zustand von Wunschlosigkeit zu erreichen, wie ihn manche spirituelle Wege anstreben, sondern die Energie zur Weiterentwicklung und Selbsterkenntnis zu nutzen. Durch den Kontakt mit der Lebensenergie werden wir uns mehr und mehr der Fülle und des Reichtums bewußt, die immer da sind. In jeder Erfahrung ist Wissen verborgen, das wir freilegen können. Neue, unerwartete Antworten können kommen, mit denen wir nie gerechnet hatten und die unsere Erwartungen vielleicht weit in den Schatten stellen.

"Ich bin zutiefst dankbar, daß ich Reiki erfahren darf. Ich bin gelassener und geduldiger geworden. Es ist ein Prozeß, den man durchmacht, und der kann ganz schön tiefgehen. Trotzdem wünsche ich mir sehr, daß ich diesen Weg weitergehen darf. Im tiefsten Herzen ist die Gewißheit, ich kann mir helfen, ich habe das Geschenk Reiki bekommen."

*

"Seit dem 2. Grad im Herbst ist so viel geschehen, daß ich glaube, es seien Jahre vergangen, nicht Monate. Kein Tag vergeht ohne

Reiki. Morgens ist es das erste, am Abend das letzte. "Mit Reiki bin ich mehr mit mir selbst in Kontakt und nicht so nach außen gerichtet. Ich kann die alltäglichen Dinge direkter erleben, die Sonne, die Luft, den Regen. Ich spüre in allem die Energie, die dahinter ist."

*

Unsere Wünsche, Erwartungen, Hoffnungen und Sehnsüchte sind wie ein Motor, der uns antreibt und uns schließlich zu uns selbst zurückbringt. Wir können uns selbst aus einer neuen Perspektive sehen. Welche Gefühle, Gedanken und Empfindungen führen uns zu unseren Zielen? Was wollen wir wirklich? Mit Reiki können wir uns immer wieder an die Quelle anschließen, aus der alles Leben fließt. Sie steht uns in jedem Augenblick zur Verfügung.

Übung:
Energie von Wünschen spüren

Du kannst diese Übung als Meditation oder während einer Ganzbehandlung machen.

Während Du Dir Reiki gibst, richte Deine Aufmerksamkeit auf einen Wunsch, der gerade besonders stark ist. Vielleicht bist Du krank und möchtest gesund werden. Oder Du bist unzufrieden mit Deiner Arbeit und möchtest etwas anderes machen. Nimm einfach das, was in Deinem Bewußtsein auftaucht.

Während Du die Handpositionen ausführst, versetze Dich ins Innere Deines Körpers. Sind irgendwo Spannungen, die mit dem Wunsch zusammenhängen? Fühle in die Spannungen hinein, während Du die Hände auflegst.

Stell Dir jetzt einige Fragen und laß die Antworten spontan aus Deinem Inneren kommen.

Wie fühlt sich dieser Wunsch an? An welcher Stelle in meinem Körper spüre ich ihn am deutlichsten?

Was wäre in meinem Leben anders, wenn dieser Wunsch jetzt erfüllt würde? Was hätte ich, was ich vorher nicht hatte? Was würde ich fühlen, was ich vorher nicht gefühlt habe?

Was geschieht in meinem Leben, wenn dieser Wunsch nicht erfüllt wird? Was ist das Schlimmste, was passieren kann?

Erfülle Dir jetzt den Wunsch in Deiner Vorstellung. Du kannst dabei ruhig übertreiben. Erfinde so viele Einzelheiten wie möglich, bis Du das Gefühl hast, der Wunsch ist total erfüllt.

Kapitel 4:

Dem Rhythmus des Flusses folgen

Verfeinerung der Wahrnehmung durch Reiki

Reiki ist eine äußerst kraftvolle Energie, wirkt auf der physischen Ebene jedoch sehr subtil. Es sind sehr feine Schwingungen, die bei den ersten Behandlungen nicht immer gleich spürbar sind. Jeder Mensch reagiert und empfindet anders. Manche spüren Wärme oder Kälte, andere ein Kribbeln oder ein Fließen, wieder andere schlafen schnell dabei ein. Viele entwickeln erst nach längerer Praxis ein Gefühl dafür, welche Art von Energie strömt. Zudem ist am Anfang sehr viel uneingestandene Angst da, weil man nicht einordnen kann, was da passiert. Die meisten Leute glauben bei der ersten Reikibehandlung, daß "etwas mit ihnen gemacht wird" und bauen unbewußt Schutzmechanismen auf, was eine unvoreingenommene Erfahrung erschwert oder ganz verhindert. Es spielen sicher sehr viele Faktoren eine Rolle, die wir nicht sehen können: Erinnerungen aus dem Unterbewußtsein, eine ungewohnte Umgebung oder einfach nur Unsicherheit und Anspannung.

Ich habe jedoch auch erlebt, daß Menschen in einer sehr unruhigen Umgebung das Fließen der Energie spüren konnten, als ich während einer Esoterik-Messe Reiki-Behandlungen gab. Es war sehr heiß und stickig, sehr voll und sehr eng. Pausenlos drängelten sich Menschen am Stand vorbei, die sehen wollten, was da gemacht wird. Aus allen Richtungen kamen verschiedenste Töne, Düfte und Geräusche. Keine Umgebung, die man normalerweise für eine Reiki-Behandlung wählen würde. Ich hielt die Hände in ca. 10 cm Abstand vom Körper. Hinterher fragte ich die Leute, wie sie es empfunden hätten und erhielt zum Teil überraschende Antworten.

"Als Sie die Hände über meinen Kopf hielten, wurde mir sehr heiß. Es kribbelte in den Haarspitzen. Ich hatte das Gefühl, als wäre ich an einen Strom angeschlossen. Wie lange es gedauert hat, weiß ich nicht mehr. Ich habe vollkommen die Zeit vergessen."

*

"Meine Kopfschmerzen sind total weg. Ich fühle mich erfrischt und erholt. Es ist, als hätte ich ein Glas Sekt getrunken. Was ist das, was Sie da machen?"

*

"Ich war völlig weggetreten und habe die Leute um mich vergessen. Ich habe das Gefühl, als wäre ich für eine Weile in ein anderes Land gereist. Vielleicht habe ich nur geträumt?"

*

"Es war insgesamt sehr angenehm, nur daß Sie die Hände so fest auf den Hals aufgelegt haben, hat mich gestört." (Ich war, wie gesagt, mit den Händen 10 cm weg!)

*

"Ich wurde auf einmal sehr müde und schwer und dachte, ich würde vom Stuhl fallen. Mein Kopf schien vom Körper getrennt zu sein, und meine Füße klebten am Boden fest."

Die meisten hielten die Augen geschlossen, wie ich ihnen geraten hatte, weil sie sich sonst vielleicht von den Zuschauern gestört gefühlt hätten. Trotzdem war es erstaunlich, wie sehr sie bei sich selbst bleiben und sich von ihrer Umgebung distanzieren konnten. Normalerweise ist unsere Wahrnehmung so stark nach außen gerichtet, so daß wir kaum noch ein Gefühl dafür haben, was in uns selbst vorgeht. Hinzu kommt noch, daß wir in unserem normalen Alltag von Reizen geradezu überflutet werden. Reiki kann die Fähigkeit zu einer verfeinerten und erweiterten Selbstwahrnehmung außerordentlich verstärken. Für mich ist dies einer der wichtigsten Aspekte von Reiki überhaupt.

Ich rege bei den Seminaren die Teilnehmer immer wieder an, es sich so bequem wie möglich zu machen, wenn sie sich selbst oder einem Partner Reiki geben. Wenn jemand die ganze Zeit mit seinen Spannungen oder gar Schmerzen beschäftigt ist, wird er nicht viel von der Energie von Reiki wahrnehmen, weil die Aufmerksamkeit abgelenkt ist. Auch zu starke Konzentration kann hinderlich sein. Am besten ist eine beiläufige Aufmerksamkeit, bei der man so weit wie möglich losläßt. Meist stellt sie sich im Laufe der Behandlung von selbst ein. Viele Menschen erleben zum ersten Mal, wie es sich anfühlt, über einen längeren Zeitraum mit sich selbst zu sein. Wann tut man das schon? Wann widmet man sich selbst schon eine Stunde Aufmerksamkeit?

Im Seminar gebe ich am Ende des ersten Tages meist eine Hausaufgabe. Jeder soll sich am Abend und am folgenden Morgen eine Stunde Reiki geben. Am nächsten Tag erzählen viele etwas verlegen, daß sie die Hausaufgabe nicht gut gemacht haben, weil sie mitten in der Behandlung eingeschlafen sind. Es ist für die meisten ungewohnt und eine ganz neue Erfahrung, sich selbst Zeit zu gönnen. Natürlich ist "ein bißchen Reiki besser als gar kein Reiki", doch empfehle ich die Ganzbehandlung von einer Stunde, wann immer es möglich ist. Denn gerade darin liegt die Möglichkeit, in tiefere Seinsebenen vorzudringen. Manche erleben eine Art Zwischenzustand zwischen Wachsein, Schlafen, Traum und Trance.

"Ich war sicher, daß ich nicht geschlafen habe, weil ich meinen eigenen Atem hörte. Mein Körper war in einem Schwebezustand und bewegte sich ganz leicht im Rhythmus der Musik. Irgendwann konnte ich nicht mehr zwischen Geräuschen, Musik und Atem unterscheiden. Ich lag in einer Art Hülle, die mich von Kopf bis Fuß umgab. Dann war es, als ob ich träumte und jemand etwas zu mir sagte. Ich konnte aber die Worte nicht ganz verstehen. Ich sah verschiedene Farben vor mir, Lila und Gelb, dann eine große Sommerwiese mit wunderschönen Blumen. Ich hatte ein ähnliches Gefühl wie in meiner Kindheit, wenn ich draußen spielte."

Die meisten Menschen haben Schwierigkeiten, sich in eine Erfahrung hineinfallen zu lassen. Bei Reikibehandlungen tritt dies oft ganz spontan auf. Spannungen, Erwartungen und Ängste lösen sich sanft auf, es entsteht das Gefühl eines veränderten Bewußtseinszustands. Man tritt in einen anderen Raum von Energie ein, der sich deutlich von dem Raum unterscheidet, in dem wir uns normalerweise bewegen, jedoch nicht völlig davon getrennt ist. Viele empfinden feinere Schwingungen und versuchen nicht mehr so stark, die Erfahrungen festzuhalten oder zu kontrollieren. In diesem veränderten Bewußtseinszustand und

Geschehenlassen ist ganzheitliche Heilung möglich, weil alle Bereiche, der körperliche, psychische und spirituelle, berührt werden.

Die Intuition verfeinert sich. Wir werden einfühlsamer, sowohl für die eigenen Bedürfnisse als auch für die anderer Menschen. Alle Aspekte der Lebenskraft können integriert werden. Den eigenen Körper wahrzunehmen, seine Sprache und seine Botschaften zu verstehen, diese Fähigkeit wird besonders nach dem 1. Grad angeregt und verfeinert. Fast alle berichten, daß sie beginnende Krankheiten oder Veränderungen im Körper früher bemerken und einfühlsamer und liebevoller mit sich selbst umgehen.

Intuition und Sensibilität werden beim zweiten Grad nochmals verstärkt. Manche können danach Situationen und Stimmungen oder die Energie und Schwingung von Menschen in ihrer Umgebung besser einschätzen. Sie werden wacher für das, was um sie herum vorgeht.

"Nach dem ersten Reiki-Grad hatte ich eine Verabredung zum Abendessen. Es war ein sehr schickes Restaurant, wo viele gutgekleidete Leute saßen. Während wir aßen, hatte ich auf einmal das Gefühl, daß ich die Energie hinter der Fassade spüren konnte. Es war, als würde ich auf mehreren Ebenen zugleich sehen und hören. Die Stimmen kamen mir auf einmal unnatürlich laut vor. Ich spürte das Gekünstelte bei den Gesprächen. Das Ganze kam mir vor wie eine Theaterkulisse, wo jeder dem anderen etwas vorspielte. Ich fühlte mich sehr unwohl und fehl am Platze. Das war eine ganz neue Erfahrung für mich, ich hatte so etwas noch nie erlebt."

*

"Meine Beziehung zu den Menschen in meiner Umgebung ist anders geworden. Seit ich Reiki mache, hat sich meine Arbeit im

Krankenhaus verändert. Wenn ich mit Patienten arbeite, spüre ich genau, welchen ich Reiki geben soll, und welche es gerade nicht brauchen oder wollen. Ich verlasse mich dabei ganz auf meine Intuition und stehe weniger unter Streß."

Ich gebe oft Reiki auf Situationen, wenn ein schwieriges Gespräch oder eine größere Aufgabe auf mich zukommt. Es hilft mir, mehr zentriert und nicht so sehr auf ein Problem ausgerichtet zu sein. Die Energie fließt freier, und ich kann mich diesem Fluß leichter anpassen. Manchmal muß ich lachen, wenn alle Beteiligten (einschließlich ich selber) verbissen an einem Problem arbeiten und ein Riesendrama daraus machen. Reiki hat schon oft Humor in eine Sache gebracht und Lösungen ermöglicht, an die vorher keiner gedacht hätte.

Die Welt schärfer und klarer zu sehen, kann natürlich auch Angst auslösen. Vielleicht erleben wir Gefühle, die uns bisher unbekannt waren oder die wir nicht fühlen möchten, verlieren Illusionen und werden mit Dingen konfrontiert, bei denen wir uns nicht auskennen. Alte Gewohnheiten, mit uns selbst und anderen Menschen umzugehen, greifen nicht mehr. Durch verfeinerte Wahrnehmung werfen wir vielleicht einen Blick in Welten, die wir bisher nicht zur Kenntnis genommen haben. Doch erweitern sich damit auch unsere Grenzen, wir fühlen uns lebendiger und mehr mit allem verbunden.

Daß Reiki die Wahrnehmung verändert, erfahren viele bereits bei den Einstimmungen. Eine Einweihung ist in östlichen und indianischen Kulturen ein aus der Tradition gewachsenes, selbstverständliches Ritual, für uns im Westen jedoch ungewohnt. So einfach und einleuchtend Reiki in seiner Anwendung ist, so schwierig ist es für manche, diese Form der Übertragung und Weitergabe von Wissen zu verstehen. Ich kenne eine Menge Leute, die durchaus an Reiki interessiert sind, es aber nicht machen, weil ihnen die Einstimmungen irgendwie nicht ganz geheuer sind. Das ist der Punkt bei Reiki, wo alle springen und ihre alten Denkgewohnheiten hinter sich lassen müssen. Es ist ein Sprung auf eine andere Bewußtseinsebene, der Offenheit und Vertrauen erfordert. Mit den Einstimmungen sind viele Ängste und Erwartungen verbunden. Manche erwarten Engelschöre und Lichterlebnisse oder daß sich ihre Ängste, Krankheiten und Schmerzen in Nichts auflösen. Oder daß eine Stimme aus dem Universum ihnen sagt, was sie tun sollen und wie sie mit ihrem Leben zurechtkommen können. Das Erstaunliche ist, daß in gewisser Weise tatsächlich so etwas geschieht, nur auf einer viel subtileren Ebene. Die Antworten kommen oft in ungewöhnlicher Form und werden häufig erst viel später klar. Sie sind ganzheitlich, nicht zeitgebunden und halten sich nicht unbedingt an unsere üblichen Frage-Antwort-Regeln.

Die meisten sind natürlich sehr aufgeregt, wenn sie ihre Einstimmungen erhalten. Es ist ja auch etwas Besonderes und schließlich bekommt man sie nur einmal im Leben.

"Ich spürte ein warmes Kribbeln in meinen Händen. Bei der zweiten Einstimmung nahm ich ein helles Licht neben mir wahr. Aber ich wußte nicht genau, ob es die Sonne war."

*

"Mir war sehr feierlich zumute. Ich hatte das Gefühl, daß etwas Wichtiges passiert."

*

"Ich war sehr aufgeregt, wie als Kind vor Weihnachten oder vor meinem Geburtstag. Doch dann fühlte ich mich sehr ruhig und geborgen."

*

"Bei der Einstimmung fühlte ich nichts Besonderes. Doch als ich in den Gruppenraum zurückkam, brannten meine Hände und zitterten."

"Bei der ersten und zweiten Einstimmung hatte ich nicht viel gespürt. Doch bei der dritten und vierten sah ich alle Farben des Regenbogens vor mir. Am Kopf fühlte ich starken Druck, als ob etwas eingepflanzt würde."

*

"Ich sah keine Bilder, fühlte nur große Freude und Dankbarkeit."

*

"Ich kam als einer der letzten in den Einstimmungsraum und bin richtig erschrocken, weil eine so starke Energie da war."

*

Manche sagen, daß sie nichts gespürt haben. Das ist möglicherweise ein Ausdruck dafür, das sie nicht erfahren haben, was sie erwarteten. Sie haben vielleicht bestimmte Vorstellungen, was sie fühlen *sollten*: es gibt jedoch keine richtigen und falschen Erfahrungen. Man kann auf der körperlichen Ebene wenig oder gar nichts spüren, das sagt jedoch nichts darüber aus, was auf der Energieebene passiert ist. Beispielsweise kann ich mich an meine Einstimmung zum ersten Grad überhaupt nicht erinnern und hatte auch in der ersten Zeit nicht das Gefühl, daß sich bei mir sehr viel verändert hatte. Erst nach längerer Reiki-Praxis entwickelte ich ein Gefühl für die feineren Schwingungen in mir selbst und war offener für Veränderungen in meinem Bewußtsein.

Die Reiki-Praxis ist eine einzigartige Gelegenheit, mehr mit unseren Gefühlen in Kontakt zu kommen und sie wieder zum Fließen zu bringen. Gefühle sind Energie, und jedes Gefühl hat seine eigene Schwingung. Während einer Eigenbehandlung kann man sich von den Händen zu seinen Gefühlen führen lassen und mit ihnen sprechen. Was empfinde ich gerade? Bei welchen Positionen fühle ich Angst oder Traurigkeit oder Freude? Was empfinde ich in den Händen? Welche Teile meines Körpers sind mir nicht bewußt oder fremd? Welche Stellen fühlen sich schmerzhaft an? Es ist bekannt, daß festgehaltene Gefühle unsere Gesundheit beeinträchtigen. Sie zu vermeiden, zu unterdrücken oder zu leugnen, macht uns krank. Es ist deshalb sehr wichtig, sie zu bejahen und anzunehmen. Das gilt speziell für die Gefühle, die als negativ oder unerwünscht angesehen werden, wie Wut, Trauer oder Angst. Die Kraft von Reiki kann verdrängte Gefühle freisetzen, die wir uns nicht eingestehen. Manche machen dann nicht weiter mit Reiki, weil ihnen das unangenehm ist. Doch wenn wir unsere wahren Gefühle kennenlernen und uns mit ihnen anfreunden, liegt gerade darin eine große Chance, zu wachsen und lebendiger zu werden. Vielleicht finden wir mit Reiki auch neue Möglichkeiten, sie auszudrücken. Einige Teilnehmer erzählten mir, daß sie jetzt Tai Chi, Bauchtanz oder Bioenergetik machen.

Wenn wir mit unseren Gefühlen mehr in Kontakt kommen, können sie leichter fließen, und wenn wir sie mehr akzeptieren, können wir sie auch leichter ausdrücken. Solange ich mit meinen eigenen Gefühlen nicht in Kontakt bin, fehlt mir auch das Einfühlungsvermögen bei anderen Menschen. Falsch eingeschätzte Gefühle führen zu vielen Mißverständnissen in Beziehungen, wenn zum Beispiel Zorn Angst verdeckt oder Traurigkeit. Die meisten Menschen werden durch die Arbeit mit Reiki sensibler für Gefühlsschwingungen, sowohl bei sich selbst als auch bei anderen. Das kann eine längere Phase mit sich bringen, in der man sich verletzlicher und verwundbarer fühlt.

"Seit ich in den zweiten Grad eingestimmt wurde, bin ich sehr verletzlich geworden. Oft vergesse ich, mich zu schützen. Dann fühle ich mich total ausgelaugt, besonders unter vielen Menschen. Fast möchte ich sagen, es ist wie ein energetischer Offenbarungseid."

An manchen Tagen, wenn ich zur Hauptverkehrszeit mit der U-Bahn fahre, erlebe ich Ähnliches. Ich spüre dann oft den Frust, dieß nicht ausgedrückten Gefühle und Aggressionen förmlich in der Luft hängen, so daß ich kaum atmen kann. Dann erinnere ich mich an Reiki und lege mir die Hände auf den Solarplexus, was meist nach einigen Minuten hilft. Reiki macht zwar offener und sensibler, ist jedoch gleichzeitig auch das Mittel, mit dem ich mich wieder zentrieren kann, wenn ich mich von Energien überwältigt fühle.

Durch die Sensibilisierung der Wahrnehmung werden manchmal Ebenen in uns aktiviert, zu denen wir bisher vielleicht keinen Zugang hatten. Viele Menschen können sich auf einmal an ihre Träume erinnern oder ihre Botschaften besser entschlüsseln.

"Ich dachte immer, daß ich überhaupt nicht träume. Es hat mich auch nicht sonderlich interessiert. Nach dem ersten Grad konnte ich mich an sehr lebhafte und bildhafte Träume erinnern. Ich habe angefangen, ein Traumtagebuch zu führen, mir Bücher über Traumdeutung besorgt, und demnächst mache ich ein Seminar, wo man lernt, mit Träumen zu arbeiten. Ich bin ein sehr verstandesbetonter Mensch und hielt Träume immer für baren Unsinn. Das war unwichtig und hatte mit meinem normalen Leben nichts zu tun. Doch seit ich mich mehr damit befasse, bin ich überrascht, wie viele neue Erkenntnisse ich durch diese Träume gewonnen habe."

Oft wird gefragt, ob der Einsatz von Musik bei Reikibehandlungen die Wahrnehmung noch verstärken kann. Musik kann auf jeden Fall helfen, den Verstand zu beruhigen, Distanz zu gewinnen und das Tagesgeschehen hinter sich zu lassen. Sie begünstigt und unterstützt bewußtseinserweiternde Zustände und kann Visionen, Bilder und Erinnerungen hervorbringen. Allerdings sollte sie nicht zu sehr ablenken. Einige Musikstücke sind für die Reikibehandlung besonders geeignet. Es gibt aber auch Menschen, die sich dadurch gestört fühlen. Am besten ist es, sich intuitiv zu entscheiden, ob und welche Musik man hören möchte.

Die Verfeinerung der Wahrnehmung mit Hilfe von Reiki ist ein wichtiger Schritt für unsere Entwicklung. Wir erfassen mehr Ebenen der Wirklichkeit und erweitern damit den Raum, in dem wir leben und lernen, beträchtlich. Krankheiten, Probleme und Schwierigkeiten können in einem größeren Zusammenhang und damit ganzheitlicher gesehen werden. Wenn sich die Pforten der Wahrnehmung mehr öffnen, erleben wir deutlicher, daß alles miteinander verbunden ist.

Übung:
Reiki-Atem-Meditation

Du kannst diese Übung während einer Ganzbehandlung im Liegen oder Sitzen ausführen. Es ist besser, keine Musik zu benutzen oder sie sehr leise zu stellen. Mache es Dir bequem und schließe die Augen. Wende Deine Aufmerksamkeit dem Atem zu. Mach das ein paar Minuten, bis Du seinen Rhythmus verfolgen kannst. Beobachte, wie er ein- und ausfließt. Wenn er sich verändert, laß es geschehen. Es kann sein, daß Du ab und zu das Bedürfnis hast, tiefer oder langsamer zu atmen. Das ist in Ordnung. Folge einfach Deinem Gefühl.

Beginne nun mit den Positionen am Kopf. Atme in die Stelle, wo Deine Hände liegen, hinein. Möglicherweise fällt Dir das zu Anfang schwer, weil Du gewöhnt bist, den Atem nur in der Kehle oder im Brustkorb zu spüren. Versuche nicht, etwas zu erzwingen. Lenke Deinen Atem mit Deinem Bewußtsein immer wieder an die Stelle, wo Deine Hände liegen. Du kannst Dir vorstellen, daß diese Stelle durchlässig ist. Wenn Du zur nächsten Position übergehst, nimm Deinen Atem mit und atme dort hinein. Du kannst Dir vorstellen, daß Dein Atem die Lebensenergie ist, die durch Dich hindurchfließt. Lasse sie sich unter Deinen Händen sammeln und ausbreiten. Versuche, Dich mehr und mehr in das Gefühl des Fließens hineinfallen zu lassen.

Es kann sein, daß mehr oder weniger Gedanken als sonst auftauchen. Gib diesen Gedanken Raum, aber keine Aufmerksamkeit. Identifiziere Dich nicht damit. Du kannst die Gedanken einfach am Rande Deines Bewußtseins mitfließen lassen, ohne sie zu ergreifen oder zu analysieren. Wenn Du Dich nicht damit beschäftigst, werden sie von selbst vergehen. Atme während der gesamten Behandlung immer wieder in Deine Hände hinein. Du wirst merken, daß sich der Atem bei manchen Positionen verändert. Manche Stellen sind mit Erinnerungen aus Deinem Unterbewußtsein verbunden. Wenn sie aufsteigen, erlaube es ihnen und laß sie sich in der Energie auflösen. Es ist nicht notwendig, in diese Gefühle hineinzugehen. Wenn Du sie einfach da sein läßt und ihnen keine Beachtung schenkst, lösen sie sich auf. Wenn Du die Behandlung beendet hast, bleibe noch ein paar Minuten liegen und laß den Atem weiter ein- und ausströmen. Dehne Dich beim Ausatmen über die Grenzen Deines Körpers hinaus aus. Öffne dann langsam die Augen und werde Dir Deiner Umgebung bewußt. Ruhe Dich noch ein wenig aus und kehre dann zu Deinem normalen Bewußtsein zurück.

Es geht bei dieser Meditation nicht um ein bestimmtes Ziel, sondern um einen Raum von Offenheit. Meist machen wir eine Reikibehandlung, um etwas Bestimmtes zu erreichen. Bei der Reiki-Atem-Meditation vertrauen wir einfach der Energie und überlassen es ihr, was sie für unsere Heilung tun will. Wenn Du diese Übung öfter machst, wirst Du gelassener, zentrierter und vertrauensvoller.

Ich liege im Bett und kann nicht schlafen. Es ist spät und sehr still draußen. Mein linkes Knie schmerzt und fühlt sich hart und verspannt an. Ich habe den ganzen Tag Bewegungsübungen gemacht und keine Erleichterung verspürt. Es scheint nicht vorwärts zu gehen. Mein Bein ist wie ein störrischer Esel, der sich nicht antreiben läßt. Ich weiß, daß ich nichts erzwingen kann, möchte diesen Zustand aber unbedingt ändern. Alles scheint sich gegen mich verschworen zu haben. Mein Körper ist mein Feind. Wann werde ich wieder gesund sein? Wann werde ich wieder tanzen, Rad fahren, auf einen Berg steigen können? Ich erinnere mich an Zeiten, wo ich keinen Gedanken daran verschwendet habe, daß ich das tun konnte. Es war eine Selbstverständlichkeit. Das ist jetzt so weit weg, als wäre es in einem anderen Leben passiert.

Ein Jahr Schmerzen, Angst, Groll, Verzweiflung und Zorn. Warum ist das mir passiert? Was habe ich getan? Warum werde ich bestraft? Ich habe alles versucht, um wieder gesund zu werden. Ich habe Reiki gegeben, mich gesund und strahlend visualisiert, körperliche Übungen gemacht, meine Knie in Farben getaucht, Heilungskassetten gehört. Ich habe stundenlang darüber meditiert, warum ich diesen Unfall angezogen habe. Ich fand viel heraus, aber es hat nichts verändert, keine Besserung gebracht. Ich weiß nicht mehr, was ich noch tun soll. Wozu habe ich all diese wunderbaren Techniken gelernt? Wozu soviel an mir gearbeitet? Ich bin wieder am Anfang, am Punkt Null.

Ich bin müde und resigniert, möchte nur noch schlafen, wegsinken, an nichts mehr denken. Die Gedanken werden langsam träge, mein Bewußtsein verschwimmt. Plötzlich taucht ein Gedanke in mir auf, wie in Leuchtschrift: "Vielleicht wird es nicht mehr gut, vielleicht werde ich für immer ein steifes Knie haben." Eine Welle von Panik und Angst überkommt mich. Ich will mich dagegen wehren und kann nicht.

In meinem Kopf explodieren Kaskaden von Licht und durchfluten meinen Körper. Jede einzelne Zelle wird davon überschwemmt.

Das ganze Zimmer ist in helles Licht getaucht. Ein Gefühl von absoluter Freiheit durchströmt mich. Ich falle in eine große Leere. Mein Ich löst sich darin auf. Mir ist, als würde ich sterben und zugleich geboren werden. Ich habe mir den Gedanken, daß ich nicht wieder gesund werden könnte, niemals erlaubt. Er war ein totales Tabu. Jetzt hat sich etwas geändert. Ich habe alles losgelassen. Alle Hoffnungen. Alle Bemühungen. Alles Wollen. Der Weg ist frei.

Ich entschließe mich zu einer zweiten Operation. Alle Kräfte scheinen zusammenzuwirken. Ich finde einen Arzt, zu dem ich volles Vertrauen habe, ein Krankenhaus, in dem eine entspannte und gute Atmosphäre herrscht. Kurz nach der Operation kann ich schon auf dem Flur herumgehen, am zweiten Tag die Krücken weglegen. Es ist, als wäre mir ein neues Leben geschenkt worden.

Kapitel 5:

Gefahren im Fluß
Heilungskrisen - mit Reiki zur Ganzheit finden

Jeder, der Reiki praktiziert, wird früher oder später mit dem Gefühl konfrontiert, daß es nicht mehr zu wirken scheint. Es scheint verloren gegangen zu sein, die Verbindung abgebrochen. Zweifel tauchen auf, ob man auf dem richtigen Weg ist.

"Ich habe das Gefühl, Reiki ist weg. Ich fühle mich sehr einsam und abgeschnitten. Kann es sein, daß es wieder weggeht?"

*

"Es geht mir nicht gut, und ich habe das Gefühl, daß Reiki nicht mehr hilft."

*

"Ich habe schon längere Zeit nicht mehr Reiki gemacht, weil ich im Moment keinen Zugang dazu habe. Alles scheint schiefzulaufen."

Gleichgültig, wie viele Seminare man gemacht, wie viele Erfolge man schon auf seinem Weg erzielt hat, es kommen immer wieder Phasen, wo man nicht mehr weiß, wie es weitergehen soll. Das Leben verläuft nicht linear, sondern durch Berge, Täler und Abgründe. Auch alle spirituellen Lehrer sind durch Phasen der Dunkelheit gegangen. Es ist Teil des Wachstumsprozesses. Du hast vielleicht schon viele positive Erfahrungen mit Reiki gemacht. Du bist entspannter, Schmerzen gehen weg, Deine alten Verhaltensmuster haben Dich nicht mehr so im Griff, das Leben ist erfüllender. Und dann kommst Du an eine Grenze, wo das alles verschwunden zu sein scheint. Zweifel nisten sich ein. "Habe ich etwas falsch gemacht? "Hilft Reiki wirklich?" "Läßt mich das Universum im Stich?" Wir versuchen natürlich alle, negative Erfahrungen zu vermeiden und Angst, Krankheit, Tod und Verzweiflung aus dem Weg zu gehen. Doch müssen wir uns damit auseinandersetzen, es gehört zu unserem Menschsein. Daran führt kein Weg vorbei. Es ist eine Prüfung, die unsere innere Entwicklung beschleunigen und vertiefen kann.

Ein Jahr, nachdem ich Reiki-Lehrer geworden war, hatte ich einen Autounfall. Ich war verstört und verwirrt. Jahrelang hatte ich Seminare gemacht, Reiki gegeben, alles getan, um mich zu heilen, an meiner Weiterentwicklung gearbeitet - und nun das. Es war zwar kein schwerer Unfall, die Folgen für mich jedoch sehr schlimm. Das Kreuzband im linken Knie war gerissen, und das bedeutete monatelange Bewegungslosigkeit. Für mich eine Katastrophe. Ich hatte mich immer gern und viel bewegt, Tanzen war meine große Leidenschaft, in den Bergen wandern, Ski fahren - all das ging nun auf einmal nicht mehr. Von einem Tag auf den andern war ich aus meinem normalen Leben herausgerissen worden. Ich mußte mich neu orientieren. Ich kämpfte, ich wehrte mich, ich wollte es weg haben. Es dauerte sehr lange, bis ich begriff, daß es nicht darum ging, etwas Unangenehmes loszuwerden. Meine Vorstellungen von Reiki und ähnlichen Selbstheilungstechniken, welchen Sinn sie haben und wie sie wirken, waren sehr begrenzt und alles andere als ganzheitlich. Letztlich unterschieden sie sich von der gängigen Auffassung der Schulmedizin nur in einem Punkt: Ich war der Meinung, daß meine "natürliche" Methode auf jeden Fall die bessere sei. Doch dahinter verbarg sich das gleiche lineare Denken. Da war ein Symptom (mein verletztes Knie), und es gab eine Methode (Reiki), wie man es heilen konnte. Aber so einfach war es nicht. Ich mußte völlig umdenken. Es wurde die schwierigste und lehrreichste Zeit meines Lebens. Ich war nie zuvor ernsthaft krank gewesen und kranken Menschen gegenüber auch sehr kritisch. Nach meinem esoterischen Weltbild waren sie selbst dafür verantwortlich (Karma!) und mußten das spezielle Problem in diesem Leben bearbeiten. Nun erlebte ich es an meinem eigenen Körper, mit allen damit verbundenen Schmerzen und Gefühlen. Was ich in unzähligen Seminaren an Selbsthilfetechniken gelernt hatte, war wie aus meinem Gedächtnis gelöscht. In einem Workshop kranken Menschen Licht zu schicken, war eine Sache - mit rasenden Schmerzen in einem Krankenhausbett zu liegen, eine andere. Auf der körperlichen Ebene schien Reiki überhaupt nicht zu helfen, im Gegenteil. Schließlich gab ich es auf. Für mich war es weg, es existierte nicht mehr, ich hatte die Verbindung völlig verloren - so glaubte ich. Heute weiß ich, daß ich der Kraft nie so nah war wie in den Stunden, als ich mich verzweifelt und am Ende fühlte. Ich erlebte alle Gefühle, die ich bisher nicht zugelassen hatte: Angst, Zorn, Trauer, Hilflosigkeit, Ausgeliefertsein. Und es blieb mir nichts anderes übrig, als mit diesen Gefühlen zu *sein*, denn ich konnte ja in einem ganz physischen Sinn nicht weglaufen.

Die Lektion, die ich lernen mußte, war Geduld und Vertrauen. In unserer Ungeduld wollen wir schnelle Erfolge. Wir möchten Resultate sehen. Ungeduld ist ein Mangel an Vertrauen, daß alles, was passiert, zu diesem Zeitpunkt das Richtige für uns ist. Unser Bewußtsein ist meist zu begrenzt, um das Ganze zu erkennen. Bei der Arbeit mit Reiki gibt es immer ein Resultat, doch dauert es oft lange Zeit, bis wir es sehen. Weil Reiki bei mir auf der körperlichen Ebene nicht zu wirken schien, übersah ich völlig, daß auf der psychischen und spirituellen Ebene unglaublich viel in Bewegung gekommen war. Ich wurde innerlich total durcheinandergewirbelt, so daß etwas Neues entstehen konnte.

Krisen sind eine große Herausforderung, tiefer zu gehen. Hier zeigt sich, daß Reiki mehr ist als ein Hilfsmittel, um sich besser zu fühlen. Es kann ein Tor sein, eine ungeheure Chance, sich wirklich ganzheitlich zu heilen, nicht nur an der Oberfläche. Sich einer schwierigen Situation zu stellen und Trauer, Angst und Verzweiflung anzunehmen, kann uns einen großen Schritt weiterbringen. Wir begegnen Teilen in uns, die wir ablehnen und die uns von der Ganzheit trennen. Auch diese Teile sind Lebensenergie und können integriert werden. Man kann die spirituelle Entwicklung mit Stufen vergleichen. Wenn wir eine höhere Stufe in unserem Bewußtsein erreicht haben, werden die Herausforderungen größer. Es kann sein, daß wir beim Schritt auf die nächste Stufe das Gefühl haben, wieder ganz am Anfang zu sein, weil alles, was wir vorher gelernt haben, vielleicht keine Gültigkeit mehr hat. Doch wenn wir weiterkommen wollen, müssen wir das Alte hinter uns lassen. Das ist schwer zu verstehen und noch schwerer zu leben, weil wir uns gerne auf unseren Lorbeeren ausruhen möchten.

Mit Reiki verschieben wir unsere Grenzen und dehnen unser Energiefeld aus. Es kann sein, daß das Unterbewußtsein Angst bekommt, sich weiter zu expandieren und zu entwickeln. Auf meinem eigenen Weg und bei meiner Arbeit mit Reiki habe ich festgestellt, daß Angst die Emotion ist, die unser Leben am meisten bestimmt. Wir haben vor allem Angst. Wir möchten uns verändern und haben Angst, daß sich tatsächlich etwas verändert. Wir möchten mehr Energie und haben Angst vor unserer Kraft.

Wir möchten Liebe und haben Angst, sie zu bekommen oder zu verlieren. Wir möchten Erleuchtung und haben Angst, daß unser Ich stirbt. Viele Menschen, die Reiki machen, haben Angst, daß damit auch unangenehme Dinge auf sie zukommen könnten. Reiki ist keine isolierte Energie, die vom übrigen Leben abgeschnitten ist, sondern fließt in allem. Wir haben die Möglichkeit, in jeder Lebenssituation zur Wahrheit zu finden, und gerade in Krisen kann uns Reiki sehr unterstützen.

"Einige Monate, nachdem ich den zweiten Reiki-Grad gemacht hatte, geriet ich in eine Krise. Ich hatte meinen Job gekündigt, weil mir die Arbeit keine Freude machte, wußte aber nicht, was ich stattdessen tun sollte. Von meiner Freundin hatte ich mich getrennt. Irgendwie ging es nicht weiter. Ich schlief schlecht, fühlte mich körperlich nicht wohl und war ständig deprimiert. Ich hatte das Gefühl, mich im Kreis zu drehen. Reiki schien sehr weit weg zu sein. Ich wendete es zwar ab und zu an, aber es half nicht, jedenfalls spürte ich nichts davon. Ich war sehr enttäuscht. Vorher hatte ich immer dieses Fließen in den Händen gefühlt, das war jetzt weg. Ich kam auch nicht auf die Idee, mir von anderen Menschen Reiki schicken zu lassen. Irgendwann beschloß ich, mir jeden Tag eine Stunde Reiki zu geben und auch den zweiten Grad anzuwenden. <u>Ich gab regelmäßig Energie auf Lösung der Blockaden meiner jetzigen Situation</u>, erhoffte mir aber nichts davon. Aber ich dachte: Schaden kann es ja auch nichts, wenn ich es mache. Schlimmer kann es sowieso nicht mehr werden. Dann erzählte mir eine Frau von einer Gesprächs- und Meditationsgruppe. Ich ließ mich überreden, teilzunehmen. Daß ich dort über meine Gefühle sprechen konnte, erleichterte mich sehr. Es half mir, die Dinge klarer und anders zu sehen. Etwas begann sich zu verändern. Es war eine schwierige Zeit, aber ich habe sehr viel über mich selbst gelernt."

Reiki fließt in alle Ebenen unseres Seins und aktiviert damit auch verdrängte Strukturen und Blockaden, die nicht in Harmonie mit dem Ganzen sind. Indem es sie an die Oberfläche bringt, bietet es uns eine Gelegenheit, uns der Wahrheit zu stellen, ohne uns etwas vorzumachen. Es beginnt, starre Selbstbilder aufzuweichen.

In einem meiner Kurse war ein Mann sehr stolz darauf, daß er seit vierzehn Jahren keine Erkältung mehr gehabt hatte. Er war selbständiger Masseur und konnte sich nach seiner Meinung nicht erlauben, krank zu sein. Am zweiten Tag kam er mit einer Riesenerkältung zum Kurs. Die Nase lief, die Augen tränten, der Hals war rauh, und er konnte nur flüstern, wenn er etwas mitteilte. Er hatte die ganze Nacht kaum geschlafen, weil sein Körper so in Aufruhr war. Während er dies berichtete, strahlte er über das ganze Gesicht. Er war keineswegs böse, daß Reiki diese Erkältung in ihm aktiviert hatte, sondern froh darüber, daß es endlich sein durfte. Der erste Reiki-Grad war für ihn ein Auslöser, sich endlich zu erlauben, auch einmal krank und schwach zu sein. Er hatte eine Wahrheit über sich herausgefunden, die ihm vorher nicht bewußt war. Ich ermutige die Teilnehmer immer, Krisen zu begrüßen, auch wenn das nicht leicht und mit schmerzhaften Gefühlen verbunden ist. Es kann eine Öffnung sein, sich selbst mehr zu lieben. Alle Liebe fängt mit Selbstliebe an, und das bedeutet, auch unsere Schattenseiten zu akzeptieren, die Wahrheit dessen, was wir gerade sind. Wenn wir Reiki nicht wie Valium oder Aspirin mißbrauchen, um etwas Unangenehmes wegzukriegen oder wegzuzaubern, kann es uns auf neue Ebenen unseres Selbst und zu neuen Erkenntnissen führen. Vielleicht sind die Zusammenhänge zwischen unserem Denken, unserer inneren Einstellung und Heilungserfolgen oder -mißerfolgen viel subtiler und differenzierter, als wir glauben. Letzlich gibt es kein Rezept dafür, wann, wie und warum eine Heilung erfolgt. Wir müssen immer wieder über die Begrenzungen unserer Vorstellungen und Glaubenssysteme hinausgehen.

Reiki gilt allgemein als natürliche Heilmethode, im Gegensatz zur Schulmedizin, die eher als unnatürlich abgelehnt wird. Doch wissen wir wirklich so genau, was "natürlich" ist? Durch pauschale Ablehnung werden Grenzen gesetzt und Trennungen geschaffen. Es gibt sicher manches, was man der Schulmedizin vorwerfen kann, doch hat sie auch viele Erkenntnisse gebracht, die wir heute als selbstverständlich ansehen. Wer in diesem Moment diese Zeilen liest, könnte dies vielleicht gar nicht, weil er möglicherweise ohne die Fortschritte der Medizin bei der Geburt gestorben wäre. Und so mancher, der auf natürliche Heilmethoden schwört, hätte ohne moderne Medizin einen Unfall nicht überlebt. Wenn wir etwas völlig ablehnen, schneiden wir uns von einem Teil der Wirklichkeit ab, der uns genauso helfen kann wie jeder andere. Alles ist Teil der Lebensenergie. Sie ist überall. Konventionelle medizinische Maßnahmen können uns ebenso unterstützen, zur Ganzheit zu finden, wie Naturheilkunde. Auch Reiki vollbringt nicht die Heilung, sondern stärkt unsere Bereitschaft dazu. Wir heilen uns praktisch selbst, in Zusammenarbeit mit der Lebensenergie. Wenn wir achtsam sind, wohin sie uns führt, kann uns *jede Erfahrung* dienen. Wir verwickeln uns dann nicht so sehr in unseren Konzepten und Programmen darüber, was "richtig" ist. Auch in meinem Fall war es so, daß Reiki mich zu Menschen und Situationen führte, die mir halfen, neue Perspektiven zu entwickeln. Als ich in einer besonders schwierigen Phase war, machten ein Arzt und eine Krankengymnastin den 1. Reiki-Grad bei mir. Beide arbeiteten sowohl mit konventionellen als auch mit alternativen Therapien. Ich lernte von ihnen, daß alle Methoden einander ergänzen und dadurch einen ganzheitlichen Heilungsprozeß in Gang setzen können. Mir wurde auch klar, wie wichtig Vertrauen und Offenheit ist. Es ging nicht darum, wie gut oder qualifiziert ein Arzt, ein Heiler oder eine Methode nach allgemeiner Ansicht war, sondern darum, ob es für mich zu diesem Zeitpunkt stimmte und ob ich bereit dafür war. Wenn wir in Übereinstimmung sind mit dem, was geschieht, kann uns ein Chirurg genauso helfen wie ein Geistheiler. Sie sind nur das ausführende Instrument für ein Wunder, das aus der Ganzheit kommt.

Wenn wir Menschen Reiki geben, die uns nahe stehen, hoffen wir natürlich, daß es ihnen besser geht und daß sie wieder gesund werden. Das ist verständlich. Aber gerade in diesen Situationen müssen wir lernen, loszulassen und alles zu akzeptieren, was passiert. Vor vier Jahren wurde mein Vertrauen in die Reiki-Kraft geprüft.
Eines Abends erhielt ich einen Anruf von meinem Bruder. Er ruft selten an, so daß ich sofort wußte, daß etwas passiert war. Meine Mutter war ins Krankenhaus eingeliefert worden. Sie hatte Krebs und mußte operiert werden. Ich empfand schreckliche Angst, sie zu verlieren, denn auch mein Vater war an Krebs gestorben.
Nach der Operation sagten uns die Ärzte im Krankenhaus, daß nichts mehr zu machen war. Sie wollten auch keine Chemotherapie einsetzen, weil es nach ihrer Ansicht keinen Zweck mehr hatte. Sie gaben meiner Mutter noch ein halbes Jahr und schickten sie nach Hause.
Ich blieb drei Wochen, um sie zu pflegen. Sie war sehr schwach und konnte sich nicht selbst versorgen, stand aber jeden Tag auf, zog sich an und versuchte, ihren gewohnten Tagesrhythmus beizubehalten. Ich wollte sie mit Reiki unterstützen, wußte aber nicht so recht, wie ich es ihr erklären sollte. Ich hatte es zwar schon einige Zeit praktiziert, aber nie mit ihr darüber gesprochen. Sie war sehr abgemagert, und das Liegen bereitete ihr große Schmerzen. Als ich ihr sagte, daß ich eine Methode kennen würde, ihr Energie zu geben, war sie mit einer Reiki-Behandlung einverstanden. Am nächsten Morgen kam sie strahlend aus ihrem Zimmer - die Schmerzen waren weg. Solche spontanen Erfolge sind bei Reiki nicht unbedingt die Regel, und ich war voller Dankbarkeit für die Intelligenz und Weisheit dieser Energie. Die schnelle Wirkung hatte meine Mutter dafür geöffnet, Reiki zu vertrauen.

Wir machten jetzt jeden Tag eine Behandlung, und sie freute sich schon immer darauf. Es wurde eine sehr schmerzliche und sehr intensive Zeit. Unsere üblichen Rollen waren vertauscht. Jetzt war ich diejenige, die sie bemutterte, und ich konnte ihr einen Teil von dem zurückgeben, was sie für mich getan hatte. Viele Erinnerungen und Gefühle kamen hoch, wir teilten sie miteinander und konnten sie loslassen. Manchmal schien die Zeit stillzustehen. Ich half ihr beim Baden und Waschen und spürte Trauer, wenn ich diesen jetzt so zerbrechlichen Körper sah, der mich geboren hatte. Es war wichtig für mich zu akzeptieren, daß ich sie jeden Moment verlieren konnte. Wenn ich am Morgen das Frühstück machte, wußte ich nie, ob sie heute wieder aus ihrem Zimmer kommen würde. Ich werde diese Augenblicke nie vergessen, die Angst, den Schmerz und den Versuch, beides anzunehmen - Leben und Tod. Als ich wieder nach München zurückkam, gab ich meiner Mutter ein Jahr lang jeden Tag Fern-Reiki. Ich hielt nicht mehr daran fest, daß sie auf jeden Fall gesund werden mußte. Das liegt jetzt vier Jahre zurück, und meiner Mutter geht es heute sehr gut. Meine Einstellung zu Tod und Sterben hat sich jedoch geändert und auch meine Einstellung zu Heilung und Gesundheit. Reiki ist kein Ersatz für kompetente medizinische oder therapeutische Maßnahmen, sondern eine wunderbare Ergänzung, das heißt, es kann uns helfen, ganz zu werden.

Normalerweise richten wir unsere ganze Aufmerksamkeit nur auf diesen kleinen Abschnitt zwischen Geburt und Tod und verlieren dabei das Ganze aus den Augen. Ganzheitliche Heilung findet nicht nur in diesem Leben, sondern auf allen Ebenen statt, auf der physischen und auf der geistigen. Sie ist nicht zu Ende, wenn der Körper stirbt. Die Auseinandersetzung mit dem Tod ist eines der wichtigsten Themen unserer Zeit. Noch halten wir diesen Bereich möglichst fern von unserem Bewußtsein, weil er uns Angst macht. Auch durch die Anwendung von Reiki und anderen Methoden erhoffen sich viele ewige Jugend und Gesundheit.

Nicht zufällig sind gerade jene Techniken, die das versprechen, besonders gefragt. Der Wunsch nach ewigem Leben ist nur allzu menschlich, beinhaltet aber ein Mißverständnis. Unsere Seele lebt tatsächlich ewig, unser Körper muß jedoch sterben, wenn ein Lernprozeß abgeschlossen wurde. Warum sollten wir ewig in der gleichen Inkarnation bleiben? Reiki ist kein Mittel, um dem Tod zu entfliehen. Die Ganzheit des Lebens schließt Leben und Tod ein. Es sind nur veränderte Bewußtseinszustände. Woher wissen wir, wo Heilung in einem umfassenden Sinn wirklich stattfindet? Wer oder was wird geheilt? Wenn wir uns diese Fragen nur aus der Sicht unserer begrenzten Lebensspanne stellen, werden wir keine befriedigende Antwort bekommen. Reiki ist eine Unterstützung, um bewußt zu sterben und loszulassen, und kann für den, der den Sterbenden begleitet, eine tiefe Seinserfahrung auslösen.

"Ich gab einem Freund, der Aids hatte, über mehrere Wochen Reiki. Auf seinen eigenen Wunsch hörte ich dann damit auf. Ich kannte die Gründe nicht, respektierte aber die Ablehnung. Nach wie vor fühlte ich mich innerlich mit ihm verbunden und hatte den Eindruck, daß er begann, sich zu lösen. Ich wollte ihn dabei nicht behindern, indem ich gegen seinen Willen etwas tat, wovon ich glaubte, daß es gut für ihn sei. Kurz darauf starb er. Ich fühlte mich schuldig, daß ich ihm nicht weiterhin Reiki gegeben hatte. Ein paar Tage nach seinem Tod hatte ich ständig das Gefühl, daß er in der Nähe war. Ich spürte es fast körperlich, und es beunruhigte mich sehr. Als dieses Gefühl wieder einmal sehr stark war, signalisierte ich ihm meine Bereitschaft, ihm alles zu geben, was er im Moment brauchte, und sagte ihm noch: 'Es ist in Ordnung, daß Du in meine Nähe kommst, aber es macht mir sehr viel Angst. Finde bitte eine Möglichkeit, die mich nicht so erschreckt.' Er bat mich, ihm eine Woche lang Reiki zu geben. Jeden Tag um die gleiche Zeit erhielt ich eine Art Lichtsignal, das mich daran erinnerte, mein Versprechen einzulösen. Und am letzten Tag sagte er zu mir: 'Mach Dir keine Sorgen, Sterben ist ganz leicht.' Ich

habe nie einen so tiefen Frieden erlebt wie in diesem Augenblick. Alle Schuldgefühle lösten sich in Nichts auf. Dieses Erlebnis hat mir die Angst vor dem Tod genommen."

Vielleicht geht es nicht darum, Krankheit und Tod aufzulösen, wegzumeditieren oder mit positiven Gedanken zu überdecken, sondern sie wirklich anzunehmen. Das ist jedoch kein Hinnehmen oder Resignieren. Es ist im Grunde keine Handlung, eher ein Einverstandensein mit der Tiefe unserer menschlichen Existenz. Die Dinge anzunehmen, führt uns zu Klarheit, Schönheit und Frieden.

Heilungskrisen können eine unglaubliche Chance sein, uns selbst auf einer tieferen Ebene zu begegnen, Energie freizusetzen und den Schatten zu erlösen. In Wirklichkeit sind wir niemals von der Ganzheit getrennt, denn auch Dunkelheit, Zweifel und Krisen sind Teil des Ganzen. Natürlich sehen wir das meist nicht, wenn wir mitten drin sind, und fühlen uns getrennt und vom Universum im Stich gelassen. Reiki steht uns jedoch jeden Augenblick zur Verfügung, wir können es uns auch dann geben, wenn wir uns innerlich nicht damit in Verbindung fühlen. Vielleicht passiert dann, wenn wir es am wenigsten erwarten, ein Sprung in eine höhere Dimension. Wir können unsere Ängste und Begrenzungen erforschen und über sie hinausgehen.

Kapitel 6:

Das Geheimnis der Lebensenergie
Mit Reiki zu unserem wahren Selbst finden

Es gibt nichts Gutes, außer man tut es.

Wir alle spüren das Vorhandensein einer anderen Dimension, wenn wir besonders intensiv leben. Es existiert eine Kraft, die uns in jedem Augenblick trägt und durchdringt, nur sind wir uns dieser Energie selten bewußt. Sie fließt in allem, in der kleinsten Zelle, in den Galaxien, in jeder Blume, in jedem Gedanken, in jedem Gefühl. Wir haben viele Namen, um sie zu bezeichnen: Gott, Universum, Urkraft, Lebensenergie, Liebe, Reiki. Doch sind all dies nur Umschreibungen für etwas, das letztlich keinen Namen hat. Wir versuchen, die Unendlichkeit und Grenzenlosigkeit, die uns umgibt und in uns ist, zu zähmen, festzuhalten oder in Ideen,

Regeln und Formen zu zwängen. Die Tür zur Ganzheit ist jedoch immer offen. Jeder von uns hat Momente erlebt, wo er diesem Lebensfunken sehr nahe war. Vielleicht bei einer Arbeit, die wir besonders konzentriert verrichten. Oder in der Sekunde, wo uns etwas völlig klar wird. Oder sogar, wenn wir traurig und enttäuscht sind. Für einen Augenblick ist die Trennung aufgehoben, die unser Leben durchzieht. Es gibt niemanden mehr, der die Arbeit tut oder traurig ist. Wir sind eins damit.

Ich erinnere mich, wie ich nach der Einstimmung in den 3. Grad auf der Wiese hinter meinem Haus spazieren ging. Es ist kein besonderer Platz. Leute waschen dort ihre Autos oder führen ihre Hunde spazieren. Abfälle liegen herum. Und doch war in dieser halben Stunde alles anders als sonst. Jeder Grashalm, jede Blume, jeder Vogel strahlte eine unglaubliche Kraft und Lebendigkeit aus. Alles existierte auf mehreren Ebenen. Ich sah und hörte mit meinen physischen Sinnen und nahm gleichzeitig auch noch andere Welten wahr. Es war, als ob sich hinter den Dingen andere Wesen und Realitäten verbargen, die jedoch nicht damit in Widerspruch standen. Die Zeit war aufgehoben. Ich konnte sehen, was sich früher auf dieser Wiese abgespielt hatte, die Geschichte jedes Busches. Die verschiedenen Zeitebenen waren durch Silberfäden miteinander verbunden. Alles existierte für sich und gehörte doch untrennbar zusammen. In diesen Momenten war ich in völliger Einheit mit der Lebenskraft, und ich fühlte, daß dies unser natürlicher Seinszustand ist.

In unserem Alltag erleben wir Einheit allerdings sehr selten. Wir kämpfen. Wir strengen uns an. Wir planen unsere Zukunft und machen uns Sorgen, ob auch alles gut geht. Wenn unsere Kräfte erschöpft sind, fahren wir in Urlaub oder besuchen ein Seminar, um wieder neue Energie zu tanken. Reiki kann uns zur Einfachheit und Ursprünglichkeit des Seins zurückbringen. Die Lebensenergie ist so präsent und natürlich wie die Luft, die wir einatmen. Sie ist immer da, immer verfügbar. Wir machen uns nur selten bewußt, daß wir ohne sie nicht leben können. Wenn wir uns ans Atmen erinnern müßten, wären wir alle in kürzester Zeit tot. Wie der Atem fließt auch Reiki in jedem Augenblick, und wir können uns jederzeit die Dimension der Ganzheit bewußt machen. In dem Moment, wo ich die Hände auf meinen Körper lege, nehme ich mit der Lebensenergie Kontakt auf. Ich kann die zerstreuten Kräfte wieder sammeln und in die Einheit führen. Das gilt übrigens auch für den zweiten Grad. Die Symbole sind ein Mittel, um den Geist zu zentrieren und auf den Fluß der Energie zu richten. Je öfter man Reiki anwendet, umso größer wird der Raum von Bewußtheit, Ganzheit und Lebendigkeit. Und genau das ist der entscheidende Punkt. Wer darauf wartet, daß ich in diesem Kapitel das Geheimnis der Lebensenergie enthülle, für den habe ich eine schlechte Nachricht. Das Geheimnis liegt im *Tun*, nicht in Erklärungen, Theorien und Spekulationen. Wir können die Lebensenergie nur erfahren, indem wir uns ihr direkt zuwenden und damit arbeiten. Selbst Dr. Usui mußte diese Erfahrung machen. Er hatte durch sein Studium der Schriften mit dem Verstand etwas erkannt, aber erst sein Erleuchtungserlebnis auf dem Berg machte es zu einer Wirklichkeit, zu einem Teil von ihm. Zuerst war es nur eine Idee, dann eine Erfahrung, die er lehren und weitergeben konnte. Das intellektuelle Verstehen ist vor allem am Anfang ein wichtiger Schritt. Das ist die Zeit, Bücher zu lesen, Vorträge zu besuchen und Informationen zu sammeln. Doch irgendwann muß man darüber hinausgehen und Erkenntnisse durch Erfahrungen überprüfen und mit Leben füllen. Denn was uns am meisten vom direkten Kontakt mit unserem wahren Selbst abhält, sind Konzepte, Meinungen und Bewertungen. Mit starren Vorstellungen können wir das Wunder des Lebens nie entdecken, weil sie wie eine unsichtbare Mauer dazwischenstehen.

Wenn wir über unsere Grenzen hinausgehen und wirklich weiterkommen wollen, ist eine gewisse Disziplin notwendig. Das heißt jedoch nicht, daß man sich ständig zur Übung zwingt. Es ist eher eine Art spielerische Disziplin. Meist werden wir durch unser Denken und unsere Vorstellungen gebremst. Unser Verstand sagt: "Dazu habe ich jetzt keine Lust." "Ich muß etwas Wichtigeres erledigen, für Reiki ist jetzt keine Zeit." Die innere Konversation begleitet uns bei allem, was wir tun. Es sind die Stimmen aus der Vergangenheit und Gewohnheit. Wir können ihnen vorbehaltlos glauben oder sie einfach hinterfragen. Welcher Teil von mir sagt das gerade? Will ich das wirklich? Habe ich das von jemand übernommen? Wir haben die Kraft, uns aus der Umklammerung der Stimmen zu befreien, wenn wir uns ehrlich fragen, was im Augenblick wirklich wichtig ist. Das wäre eine sanfte Disziplin, ohne uns zu überfordern. Bevor ich mit dem Auto losfahre, gebe ich immer die Reiki-Symbole oder lege mir kurz die Hände auf. Oft habe ich es eilig oder einen dringenden Termin und meine, daß zu Reiki jetzt aber ganz bestimmt keine Zeit ist. Wenn ich mir die Gedanken dann näher anschaue, merke ich, wie lächerlich sie sind. Es dauert nur ein bis zwei Minuten, mich mit Reiki zu verbinden! Reiki kann zu einem so selbstverständlichen Teil des Tages werden wie das tägliche Zähneputzen oder Duschen. Vielleicht wird Dir diese Bewußtseins-Dusche irgendwann so wichtig wie das Reinigen Deines Körpers.

Das Wort Disziplin hören die meisten nicht gern. Es erinnert sie zu sehr an die Schule oder an Regeln, die ihnen in der Kindheit von Erwachsenen eingepaukt wurden. Doch in diesem Fall tue ich ja etwas für mich selbst und nicht etwas, was mir andere aufgedrängt haben. Manche meinen, regelmäßige Übung wäre nicht notwendig, man kann auch im Alltag jederzeit achtsam und bewußt sein. Natürlich kann man das, aber ich kenne niemand, der das wirklich tut. Es erscheint mir eher wie eine schöne Idee, von der zwar alle gern reden, die aber keiner praktiziert. Wenn ich nicht in der Lage bin, regelmäßig etwas für mich selbst zu tun, sei es Meditation, autogenes Training, sportliche Übungen, Gymnastik oder eben Reiki, dann werde ich erst recht nicht in der Hektik des Alltags daran denken. Noch müssen wir Tricks anwenden, um uns selbst zu überlisten, weil unsere Konditionierung und Programmierung so stark ist. Wir brauchen sozusagen geistige Knoten im Taschentuch, die uns an Reiki erinnern. Man kann sie in das Unterbewußtsein einbauen. Wenn ich mir zum Beispiel immer beim Baden oder vor dem Essen die Hände auflege, wird es zu einer Selbstverständlichkeit, so daß ich irgendwann nicht mehr daran denken muß.

"Ich gebe mir jeden Morgen nach dem Aufwachen eine Viertelstunde Reiki. Ich kann mich dadurch von den Träumen lösen und mein Bewußtsein auf den Tag vorbereiten. Inzwischen ist es mir zu einem Bedürfnis geworden. Diese Viertelstunde gehört nur mir. Der Tag verläuft einfach anders, wenn ich mir diese Zeit gönne."

*

"Ich habe mir angewöhnt, in der Mittagspause Reiki zu geben, wann immer dies möglich ist. Ich ziehe mich dazu in ein anderes Zimmer zurück. Es gibt mir sehr viel Kraft, so daß ich spätere Tiefs besser überwinden kann. Es ist so angenehm, weil man nicht viel zu tun braucht, fast wie eine Meditation. Ich weiß nicht, ob ich für eine Gymnastikübung soviel Disziplin aufbringen könnte. Für mich ist es die einfachste Möglichkeit, mich zwischendurch zu entspannen."

Wir kennen alle die verführerischen Stimmen der Trägheit, Unlust und Resignation. Sie reden uns ein, daß es sich nicht lohnt, unsere Grenzen zu überschreiten. Sie flüstern ihre Botschaften in unser Ohr, wenn wir morgens aufstehen, wenn wir müde sind oder wenn wir vor einer neuen Herausforderung stehen: Heute will ich das nicht tun, morgen ist auch noch ein Tag. Im nächsten Seminar werde ich einen Durchbruch haben. Wer weiß, wohin das führt. Lieber vorsichtig sein und abwarten. Wenn ich im Urlaub bin, tue ich etwas für mich. Vielleicht mögen mich meine Freunde nicht mehr, wenn ich mich zu sehr verändere.

Resignation ist wie eine Glasglocke, ein klebriger Film, der sich über unser Bewußtsein legt und unsere Lebendigkeit lähmt. Aber unser Leben wird sich nicht auf magische Weise ändern, wenn wir ständig die Handbremse ziehen. Festhalten am Gewohnten verbraucht sehr viel Energie. Aus meiner langjährigen Erfahrung in Seminaren kenne ich die inneren Stimmen, die uns von der Weiterentwicklung abhalten wollen, nur zu gut. Nach einem Kurs sind alle begeistert und erleben das Leben anders als vorher. Ein paar Monate später sind viele wieder in ihren alten Trott zurückgefallen. Die Stimmen aus der Vergangenheit haben gesiegt. Das Bedürfnis, auf sie zu hören, ist sehr stark. Doch führen sie uns nur in eine imaginäre Zukunft, die nie eintreten wird, wenn wir Wandel und Transformation immer auf morgen verschieben. Vor allem führen sie uns von uns selbst weg, denn diese Stimmen kommen nicht aus unserem innersten Selbst. Sie entstammen der Persönlichkeit, dem Ich, das alles unter Kontrolle haben möchte. Das ist jedoch nicht der Raum, in dem Veränderung entstehen kann, es ist ein Gefängnis. Nur wenn wir darüber hinausgehen, können wir mit unserem wirklichen Potential in Berührung kommen. In diesem Zusammenhang fällt mir ein Seminar ein, wo ich das zum ersten Mal verstanden habe. Der Leiter sagte zu Beginn: "Dies ist das einzige Seminar, was Ihr je macht. Es wird nie ein anderes geben. Die Zukunft existiert nicht." Ich habe noch nie ein so spannendes, lebendiges und intensives Seminar erlebt. Der Workshop dauerte zehn Tage, und am Ende hatte ich das Gefühl, als wären zehn Jahre vergangen, so unglaublich viel war passiert. Wir können diese Haltung auch in unseren Alltag übertragen und alles mit soviel Hingabe tun, als ob es das erste und das letzte Mal wäre. Natürlich erfordert das Übung, denn die Stimmen in unserem Kopf sind sehr hartnäckig. Wir müssen uns immer wieder aus unserem inneren Heimvideo mit seinen

Vergangenheits- und Zukunftsfilmen herausholen und zur wirklichen Erfahrung zurückbringen. Reiki ist eine einfache und schnelle Methode, ins Jetzt zu springen, weil es so direkt ist. Man braucht keine äußeren Mittel, keine besondere Technik. Innerhalb von Sekunden können wir uns mit der Lebenskraft verbinden und spüren, wie sie gerade in uns schwingt. Vielleicht klopft unser Herz sehr stark, weil wir uns geärgert haben, oder unser Atem geht schneller, weil wir hektisch sind. Wir vertrauen der Energie und lassen sie dahin fließen, wo sie gebraucht wird.

Von Seminarteilnehmern höre ich oft den Einwand, daß Reiki zwar eine wunderbare Sache sei, sie aber einfach keine Zeit hätten, es anzuwenden. Dafür habe ich eine schöne Übung, die ich selber öfter mache, wenn ich das Gefühl habe, unter Druck zu stehen. Sie erfordert allerdings etwas Konzentration und absolute Ehrlichkeit sich selbst gegenüber. Man beobachtet sich einen ganzen Tag lang, was man tut und wie man seine Zeit verbringt. Jeder, der diese Übung wirklich ehrlich macht, wird herausfinden, daß er viele Minuten, wenn nicht gar Stunden eines Tages damit verbracht hat, sich mit imaginären Dingen zu beschäftigen, die entweder in der Vergangenheit oder Zukunft liegen und mit dem Jetzt nichts zu tun haben. Es gibt keine bösen Geister, die uns die Zeit stehlen! Wenn wir genau hinschauen, was wir mit unserer Zeit anfangen, merken wir, daß wir sie häufig sinnlos verbringen. Wir denken über Probleme und Sorgen nach, führen innere Gespräche und zornige Dialoge mit Personen, die im Moment gar nicht anwesend sind oder ärgern uns, daß wir gerade auf etwas warten müssen. Was für eine Energieverschwendung! Wenn wir uns in dieser Zeit Reiki geben würden, wäre sie viel sinnvoller genutzt. Die Zeit-Übung ist eine gute Gelegenheit, sich über die eigenen Absichten klar zu werden. Will ich weiterhin meinen alten Mustern folgen? Will ich etwas Neues ausprobieren? Bin ich bereit loszulassen? Einschränkungen kommen nicht von außen, wir schaffen sie uns selbst und verbrauchen dadurch den größten Teil unserer Kraft. Es findet sich immer ein Grund, etwas nicht zu tun oder damit aufzuhören. Unser Verstand ist in dieser Beziehung sehr erfinderisch und zaubert blitzschnell passende Erklärungen und Begründungen wie Kaninchen aus dem Hut. Doch die Erklärungen nehmen uns keine Entscheidungen ab. Wir stehen immer wieder vor den gleichen Fragen und müssen eine Wahl treffen, welche Richtung wir einschlagen wollen, die alte oder eine neue.

Wegen seiner Einfachheit ist Reiki als tägliche Übung besonders gut geeignet. Es ist keine schwierige Disziplin, zu der man sich erst überwinden muß, wie Meditation oder die meisten Körperübungen. Im Grunde ist es keine Übung, sondern eine Möglichkeit, die Erinnerung an unser wahres Selbst zu aktivieren. Das geht an jedem Ort und zu jeder Zeit. Es ist nicht abhängig von einer bestimmten Umgebung oder Körperhaltung. Die Lebenskraft paßt sich der aktuellen Situation an und fließt genau in den Bereich, der aus der Harmonie mit dem Ganzen gefallen ist. Wir können immer von dem ausgehen, was uns im Moment zugänglich ist. Das kann ein körperliches Unbehagen sein, Kopfschmerzen oder Anspannung, Gedanken, die um eine Person kreisen, die uns verletzt hat, oder Gefühle von Trauer und Zorn. Es sind Botschaften aus unserem Inneren, daß wir aus dem Gleichgewicht geraten sind. Sie können mehrmals am Tag in unserem Bewußtsein auftauchen und uns Hinweise geben, wo wir nicht in Übereinstimmung mit unseren wirklichen Bedürfnissen leben. Es ist wichtig, auf diese Signale zu achten, denn sie bilden den Ausgangspunkt für die Arbeit mit Reiki. Sie sind wie die Spitze eines Eisbergs. Ein Achtel ist zu sehen, die restlichen sieben Achtel befinden sich unter der Wasseroberfläche. Die Spitze ist das, was unser Bewußtsein im Moment wahrnimmt, die Ursachen und größeren Zusammenhänge sind unter Wasser - im Unterbewußtsein. Meist wissen wir nicht, was sich hinter unseren Gefühlsreaktionen verbirgt. Es können alte Programmierungen,

Kindheitserlebnisse oder Erinnerungen an frühere Leben sein. Die gebündelte Energie von Reiki wirkt wie ein Laserstrahl. Sie beginnt, den Eisberg zu schmelzen. Vielleicht tut sie das zuerst über Wasser, dann sehen wir ein Resultat. Wirkt sie längere Zeit unter Wasser, merken wir oft nicht, wenn sich etwas verändert. Vielleicht stellen wir dann eines Tages überrascht fest, daß ein Problem, das uns immer Schwierigkeiten bereitet hat, plötzlich verschwunden ist. Eine Freundin von mir hat das einmal recht dramatisch erlebt.

"Der Mann meiner Schwester war Alkoholiker. Wir wollten ihm Reiki geben, aber er lehnte ab, weil er körperliche Berührungen nicht ertragen konnte. Er war jedoch einverstanden, daß wir ihm mit dem 2. Grad Energie schickten. Wir wollten oft aufgeben, weil sich überhaupt nichts veränderte, es wurde sogar immer schlimmer. Es war eine große Herausforderung für unser Vertrauen in die Energie. Nach zwei Jahren kam er eines Morgens aus seinem Zimmer, leerte wortlos alle Flaschen und sagte, daß er jetzt mit dem Trinken aufhören wollte. Er hat seitdem nie wieder einen Rückfall erlitten."

Es ist manchmal wichtig, die Energie sehr konkret einzusetzen und genau auf das zu geben, was im Moment gerade im Vordergrund steht. Als ich im Krankenhaus lag, gab ich vor allem Reiki auf Heilung und Gesundheit. Jeden Tag mußte ich zur Krankengymnastik, was nach der Operation sehr schmerzhaft war. Ich war jedesmal total angespannt, wenn ich in den Keller zur physikalischen Therapie humpelte. Bis ich auf die Idee kam, Reiki direkt auf die Situation zu geben, auf die Zeit der Behandlung, auf den Raum, auf meine Krankengymnastin und sogar auf die Massagebank, auf der ich lag. Die Situation änderte sich dadurch völlig. Ich war entspannter, das übertrug sich wiederum auf die Therapeutin, und die Übungen bereiteten mir nicht mehr so große Schmerzen. Außerdem konnte ich sie jetzt für ihre Arbeit anerkennen, weil ich nicht mehr so mit mir selbst und meinen Schmerzen beschäftigt war.

Wir können direkt von unserer momentanen Erfahrung ausgehen und das Tor zu unserem inneren Wissen öffnen, in jedem Augenblick. Jedes Ereignis gibt uns einen Schlüssel, das Wunder unserer Existenz zu entdecken und das Geheimnis des Lebens zu spüren. Wir leben in einer Welt voller Magie, auch wenn uns das die meiste Zeit nicht bewußt ist. Daß sich aus einer Zelle komplexe Wesen entwickeln, ist ein Wunder. Daß die Millionen Zellen in unserem Körper ihre Arbeit ganz ohne unser Zutun verrichten, ist ein Wunder. Daß Du jetzt diese Seiten lesen und verstehen kannst, ist ein Wunder. Wenn wir uns dem Wunder des Lebens mit kindlichem Erstaunen nähern, sind wir ganz nah an der Lebensenergie. Reiki ist keine geheimnisvolle Energie, die von einem Reiki-Meister von einer fernen Galaxie herbeigeholt und in den Teilnehmer hineinprojiziert wird, sie ist der Fluß des Lebens selbst, in all seinen Erscheinungen. Wir können sie uns bewußt machen, indem wir uns unmittelbar mit ihr verbinden. Wenn wir ganz bei uns selbst sind, dehnt sich unsere Erfahrung aus und öffnet uns für größere Dimensionen.

"Ich war in einer schlechten Verfassung und machte einen Spaziergang, um den Kopf wieder freizukriegen. Zuhause setzte ich mich dann zum Meditieren vor das Fenster, hatte aber die Augen geschlossen. Nach einigen Minuten spürte ich, wie sich die Bilder des Spaziergangs in meinem Körper ausbreiteten. Ich sah jedoch die Landschaft nicht, sondern hatte das Gefühl, daß sich die Zellen der Bäume mit meinen Körperzellen vermischten. Alles war durchsichtig, wie ein Tanz zwischen innen und außen. Mir wurde leicht schwindlig, doch auch das fügte sich in den Tanz ein. Ich hatte den Eindruck, zwischen der Landschaft und meinem Körper hin- und herzuschweben. Die Gedanken, die mich vorher

noch so beschäftigt hatten, kamen mir auf einmal völlig irreal vor."

*

"Während einer Reiki-Behandlung konnte ich alle Organe meines Körpers sehen und hören. Einige waren dunkler, andere voller Licht. Ich spürte, wie das Blut durch meine Adern floß, ein leises Rauschen, gleichmäßig und rhythmisch. Ich empfand tiefe Dankbarkeit und Bewunderung für meinen Körper."

Es ist nicht möglich, das Geheimnis der Lebensenergie mit dem Verstand zu entschlüsseln, dazu ist er viel zu begrenzt. Wenn wir über etwas nachdenken, finden wir nur weitere Gedanken, die meisten davon sind Wiederholungen aus der Vergangenheit. Stattdessen können wir dem Fluß der Energie einfach folgen und uns dem empfänglichen Teil in uns zuwenden, dem Teil, der echtes Wissen enthält. Die sanfte Energie von Reiki durchdringt alle Schichten, unsere Gedanken und Emotionen, unsere Erinnerungen und Projektionen. Sie kann uns zum Kern unseres Wesens führen, der sich unter all diesen Schichten verbirgt. Es gibt viele Methoden und Wege, zu uns selbst zu finden, Reiki ist nicht die einzige. Jeder muß selbst herausfinden, was für ihn stimmt. Doch keine spirituelle Technik der Welt nützt etwas, wenn wir sie nicht *anwenden*. Wir müssen bereit sein, damit zu arbeiten. Auch wenn es manchmal so aussieht, als ob nichts vorwärtsgeht. Spirituelle Übung dauert ein Leben lang und durchläuft viele Phasen. Wir können von dem Punkt ausgehen, wo wir gerade sind. Die Tür des Augenblicks ist immer offen.

Übung:
Das Wunder unserer Existenz entdecken

Auch diese Übung kannst Du als Meditation oder während einer Reiki-Behandlung machen. Nimm Dir Zeit dafür, das ist wichtig. Sorge dafür, daß Du nicht gestört wirst.
Führe die Übung am besten im Liegen durch. Schließe die Augen und lenke Deine Aufmerksamkeit zunächst auf den Atem. Atme ein paar Minuten sanft ein und aus und ziehe Dich in einen inneren Raum zurück. Mache jetzt Dein Bewußtsein ganz klein. Du kannst Dir vorstellen, es ist ein winziger Punkt. Lenke diesen Punkt in das Innere Deines Körpers und beginne, ihn zu erforschen. Du kannst da anfangen, wo Deine Hände liegen.
Wandere durch Deinen Kopf, den Mund, die Nase, die Kehle, den Brustkorb. Gehe jetzt weiter zu den Organen, den Adern und den Knochen. Für Deinen Bewußtseins-Punkt gibt es keine Hindernisse, er kann durch alles hindurchgehen. Gehe jetzt zu den inneren Einzelheiten, den Geweben und Flüssigkeiten, dann auf die Ebene der Zellen und Moleküle. Tauche nun in die Mikrowelt ein und wandere durch die Atome und die subatomaren Teilchen. Spüre den unendlichen Raum von Energie.
Bleib noch eine Weile liegen und öffne langsam die Augen. Nimm auch Deine Umgebung als Energieraum wahr. Es geht am besten, wenn Du Deine Augen dabei entspannst und nicht auf Objekte fixierst. Atme in diesen Raum hinein.
Es kann hilfreich sein, für diese Übung ein Anatomie-Lehrbuch, einen Körperatlas oder ein Buch über Mikrobiologie zu Hilfe zu nehmen (vorher, nicht während der Übung!) Vorrangig ist jedoch Deine eigene Wahrnehmung, nicht ein anatomisch richtiges Modell des Körpers. Dein Bewußtsein *weiß*, was in Deinem Körper vor sich geht, Du kannst ihm vertrauen und folgen. Es geht weniger darum, sich etwas vorzustellen, sondern ein Gefühl für

die Gegenwart der Vorgänge zu entwickeln, die sich in jedem Augenblick in uns abspielen. Deine Wahrnehmungen werden jedesmal etwas anders sein. Nimm sie so an, wie sie sind. Sie können Dir Hinweise darüber geben, in welchem Energiezustand Du gerade bist.

Ich habe mich hingelegt, um zu meditieren. Es war ein anstrengender Tag. Ich möchte abschalten. Seit ein paar Wochen mache ich regelmäßige Übungen, um in einen erweiterten Bewußtseinszustand zu kommen. Bis jetzt hat es mich nur schläfrig gemacht. Vielleicht strenge ich mich zu sehr an. Vielleicht will ich zuviel. Ich weiß es nicht. Ich weiß überhaupt nichts mehr.
Plötzlich höre ich ganz laut meinen Namen. Ich drehe mich erschrocken um, aber da ist niemand. In meinem Kopf ertönt ein leises Zischen, als wäre etwas umgeschaltet worden. Im Solarplexus spüre ich ein heftiges Glühen. Ich bin woanders. Ich weiß nicht genau, wo dieser Ort ist, aber er fühlt sich deutlich anders an. Ich schwebe in einem Netz von Schwingungen, die sich gegenseitig durchdringen. Jede in ihrer eigenen Frequenz. Frühere Leben ziehen an mir vorbei, Welten tauchen auf und verschwinden wieder. Alles kommt und geht in einer rasenden Geschwindigkeit. Der Boden und mein Körper schwingen in einem bestimmten Rhythmus und verbinden sich mühelos mit den anderen Ebenen. Schlagartig wird mir klar, daß es stimmt, was ich so oft gelesen habe: Es gibt keine feste Materie, alles ist Schwingung. Ich erlebe es gerade. Mein normales Denken ist nicht ausgeschaltet. Es fügt sich nahtlos in dieses Schwingungsmuster ein. Es ist eine Dimension unter unendlich vielen, ein Muster in einem wunderschön gewebten Teppich von Wirklichkeiten.
Ich möchte erfahren, welchen Platz Reiki in diesem Energie-Teppich einnimmt. Mein Bewußtsein beschleunigt sich. Es ist, als säße ich in einer Weltraum-Rakete. Vor mir taucht eine Insel auf. Sie ist in tiefblaues Licht gehüllt und strahlt eine unglaubliche Kraft aus. An ihren Rändern explodieren Lichtblitze. Sie ist in Bewegung und erneuert sich ständig selbst. Als ich mich ihr nähere, wird die Kraft immer stärker. Das Blau verwandelt sich in ein blendendes Weiß. Dann erreiche ich eine Grenze, wo ich nicht weitergehen möchte. Ich entferne mich langsam, bleibe aber mit der Kraft in Verbindung. Sie begleitet und beschützt mich.

Allmählich kehre ich in meinen normalen Bewußtseinszustand zurück. Ich bin zutiefst dankbar für dieses Erlebnis, denn ich habe jetzt Gewißheit: Reiki existiert. Was immer geschehen mag, ich werde mich daran erinnern.

Kapitel 7:

Grenzerfahrungen
Reiki und Bewußtseinserweiterung

Dein Bewußtsein kann in alle Richtungen gehen.

Das Leben enthält viel mehr Dimensionen, als wir glauben. Was wir gerade wahrnehmen, ist nur ein kleiner Ausschnitt aus einem unendlichen Netz ineinander verwobener Energie-Beziehungen und Zeitebenen. Vergangenheit, Zukunft, mögliche Ereignisse, andere Bewußtseins- und Energiesysteme durchdringen unsere sogenannte reale Welt in jedem Augenblick. Der Tisch, an dem ich arbeite, scheint ein stabiler, materieller Gegenstand zu sein. In Wirklichkeit ist er ein Universum aus tanzenden Atomen, die sich ständig verändern. Er enthält die unendliche Geschichte seiner Entstehung aus einem Baum (und natürlich noch weiter zurück) bis zu seiner jetzigen Form. Auch diese Form wird nicht immer gleich bleiben, sie wird irgendwann in eine andere Form übergehen. Während sich meine Finger über die Tasten der Schreibmaschine bewegen, erneuern sich pausenlos Zellen in meinem

Körper, Erinnerungen und Gedanken ziehen durch meinen Geist und wandern weiter, Gefühle und Körperempfindungen steigen auf und verschwinden wieder. Alle Energie-Ebenen stehen miteinander in Beziehung und spielen sich gleichzeitig ab. Wir leben in einer multidimensionalen Welt. Man könnte unseren Bewußtseinsraum mit einem großen Gebäude mit vielen Zimmern vergleichen. Was wir im Moment erleben, findet in einem bestimmten Raum dieses Gebäudes statt. Die anderen Räume existieren zur selben Zeit; wir können aufstehen, die Tür öffnen und hineingehen. Unser Bewußtsein kann sich in alle Richtungen ausdehnen, von einer Ebene auf eine andere wechseln - wenn wir das wollen. Manche beharren ihr ganzes Leben eigensinnig darauf, daß der Raum, in dem sie leben, der einzige ist, der existiert. Wenn wir an einer begrenzten Perspektive festhalten wie ein verstocktes Kind, blockieren wir unsere Energie. Die Fülle der Welt mit ihren grenzenlosen Möglichkeiten geht verloren.

Unser gewöhnliches Bewußtsein - ich möchte es der Einfachheit halber Alltags-Bewußtsein nennen - beschäftigt sich hauptsächlich mit dem Gewohnten, mit Erinnerungen, Sorgen, Strategien, Überlegungen. Es ist unvollständig, weil es die Wirklichkeit auf einen bestimmten Blickwinkel verengt. Doch sind die anderen Räume immer zugänglich, wir brauchen nur unsere Sichtweise zu erweitern.

In einem Reiki-Kurs werden die Teilnehmer mit einer Dimension konfrontiert, die ihr Alltags-Bewußtsein übersteigt. Reiki entzieht sich einer rationalen Einordnung. Der Versuch, es in die gewohnten Schubladen zu stecken, erzeugt nur Verwirrung. Verstandesbetonte Menschen sind nach dem ersten Tag des Seminars oft ziemlich erschöpft, weil es ihnen nicht gelingt, Reiki mit dem logischen Denken zu erfassen. Sie kommen an eine Grenze. Doch genau diese Grenze ist das Sprungbrett in eine Bewußtseinsveränderung. Im allgemeinen setzen wir bevorzugt unser rationales Denken ein, alles muß einen Sinn, einen Anfang und ein Ende haben. Auf einer gewissen Ebene ist dieses Denken sehr nützlich, wir brauchen es, um die Dinge zu ordnen. Doch wenn wir mehr über uns selbst und unsere Bestimmung erfahren wollen, müssen wir die Grenzen, die uns der Verstand setzt, überschreiten. Reiki führt uns ganz natürlich auf eine andere Stufe. Nach meiner Erfahrung hat es immer eine bewußtseinserweiternde Wirkung, weil es die Energie verstärkt und ausdehnt.

Die meisten verbinden Bewußtseinserweiterung mit Trancezuständen, Telepathie, Hellsehen und ähnlichen Psi-Phänomenen. Oder sie glauben, daß etwas ähnliches passiert wie bei der Einnahme von Drogen. Das ist jedoch nur ein Aspekt von Bewußtseinserweiterung. Für mich bedeutet es einfach, daß wir fähig werden, über unsere begrenzten Vorstellungen von uns selbst und der Wirklichkeit hinauszugehen. Auf allen Ebenen und in alle Richtungen. Wir sind viel mehr, als wir denken. Ich habe oft erlebt, daß Menschen mit Reiki in Bereiche ihres Selbst vorstoßen, die ihnen bisher unbekannt waren. Das kann manchmal dramatisch sein, in den meisten Fällen geschieht es jedoch in langsamen Schritten. Viele stellen erstaunt fest, daß zwischen verschiedenen Bewußtseinsebenen keine unüberwindbaren Mauern bestehen, daß zum Beispiel Gedanken, Körper und Gefühle nicht so klar voneinander abgegrenzt sind, wie es scheint. Oder daß sich die Grenzen zwischen Wachsein, Schlaf und Traum verwischen.

"Wenn ich mir Reiki gebe, ist es manchmal wie eine Art Tagtraum. Ich schlafe nicht, sehe aber Bilder oder Farben, ähnlich wie in Träumen. Sie tauchen unvermittelt auf und verschwinden, bevor ich sie näher betrachten kann. Manchmal kommen mir unglaublich viele Ideen. Ich lege mir jetzt immer ein Notizbuch bereit, damit ich sie notieren kann."

Solche veränderten Bewußtseinszustände erlebt jeder Mensch anders. Manche bezeichnen es als tiefe Entspannung, die sie sonst nur durch längere Übung erreichen. Andere fühlen sich inspiriert oder haben ein Gefühl von Kraft, die aus ihrem Inneren kommt. Viele erleben ein verändertes Körpergefühl wie Schwere, Hitze, Vibrieren, Leichtigkeit oder eine Art Schwebezustand. Das starre Bild, das manche von ihrem Körper haben, löst sich langsam auf. Sie beginnen zu verstehen, daß ihr Körper keine Maschine, sondern ein lebendes Energiesystem ist.

Da Reiki die eigene Schwingung erhöht, kann man diese erweiterte Energie nutzen, um in andere Bewußtseinsräume zu gehen und sie zu erforschen. Doch sollte man es auch nicht forcieren. Erzwingen kann man gar nichts, auch mit Reiki nicht. Es ist ein langsames Vortasten in Bereiche, die uns bisher vielleicht nicht zugänglich waren. Der Zugang zu anderen Bewußtseinszuständen muß sich erst entwickeln und wachsen. Manche möchten gleich die Aura sehen, am besten farbig und in allen Einzelheiten, oder Zukunftsprognosen stellen. Wenn man jedoch unbedingt etwas Bestimmtes erleben will, steht man sich selbst im Weg. Veränderte Bewußtseinszustände entstehen in einem Raum von Offenheit und Geschehenlassen. Wenn wir unsere Energie nicht blockieren, stellen sie sich spontan ein. Man muß bereit sein, in die Stille zu gehen und alle Erwartungen loszulassen. In einem meditativen Zustand hat das Alltagsbewußtsein nicht mehr so viel Macht über uns, das Geschwätz unseres Verstandes läßt nach. Neben den bekannten Meditationsformen gibt es viele Möglichkeiten, uns in einen solchen Zustand zu versetzen. Manche erleben ihn in der Natur, andere bei bestimmten Sportarten wie Schwimmen oder Langlaufen oder beim Betrachten von Gemälden. Bei Reiki-Sitzungen entdecken viele zu ihrer Überraschung, daß Meditation eine natürliche Fähigkeit in uns ist.

"Ich dachte immer, daß ich ganz bestimmt nicht meditieren kann. Meine Freunde erzählten mir, wie toll das ist, aber ich fand keinen Zugang dazu. Für mich war das Sitzen mit gekreuzten Beinen qualvoll, und ich konnte mich auch überhaupt nicht konzentrie-

ren. Während meiner Reiki-Behandlungen kam ich häufig in einen Zustand, der dem ähnelte, was meine Freunde mir geschildert hatten. Ich meditierte, ohne es zu wissen!"

*

"Meine Wahrnehmung der Töne hat sich verändert. Wenn ich am Klavier einen Ton anschlage, ist er nicht mehr nur außen, sondern auch in mir. Ich spüre das Bedürfnis zu meditieren. Seit Ende Januar habe ich mit Zazen-Meditation begonnen. Ob das der richtige Weg für mich ist, wird sich herausstellen."

Bei mir selbst war es genau umgekehrt. Ich hatte schon einige Jahre meditiert, bevor ich auf Reiki stieß, und dachte eigentlich, daß es zu den klassischen Meditationsmethoden im Widerspruch steht. Als ich länger damit arbeitete, wurde mir klar, daß das nicht stimmt. Im Gegenteil. Meine Meditation wurde durch Reiki außerordentlich vertieft. Ich begann, verschiedene Methoden miteinander zu kombinieren und machte sehr gute Erfahrungen damit. Mehr und mehr gelang es mir, die inneren Verbindungen und Ähnlichkeiten zwischen den verschiedenen spirituellen Wegen zu sehen. Dadurch hatte ich auf einmal mehr Werkzeuge zur Verfügung und konnte immer das einsetzen, was mir intuitiv als das richtige erschien.

Wenn wir anfangen, unsere Grenzen zu verschieben, gelangen immer mehr Aspekte der Gesamt-Wirklichkeit in unser Bewußtsein. Unser Bild von uns selbst wird vollständiger. Dazu gehört auch das Bewußtmachen der Vergangenheit und das Zulassen unbewußter Anteile. Erinnerungen an Kindheitserlebnisse oder frühere Leben treten bei Reiki-Behandlungen häufig auf.

"Kurze Zeit, nachdem ich den ersten Grad gemacht hatte, sah ich während einer Reiki-Sitzung in allen Einzelheiten eine Szene aus meiner Kindheit, an die ich mich seit Jahren nicht mehr erinnert habe und wahrscheinlich auch nicht erinnern wollte. Ich wäre in

einem See fast ertrunken und wurde von meinem Vater herausgeholt. Es hat mir sehr geholfen, diese Erinnerung zuzulassen und anzuschauen."

Werden solche Erinnerungen akzeptiert und losgelassen, kann die darin gebundene Energie freigesetzt werden. Natürlich ist Reiki, wie bereits gesagt, kein Ersatz für eine Therapie, sondern eine Ergänzung auf der Energieebene, um den Heilungsprozeß zu beschleunigen und zu unterstützen. Wie wir damit umgehen, liegt in unserer eigenen Verantwortung. Manchmal löst sich das Problem allein durch die Bewußtwerdung. In manchen Fällen ist es jedoch notwendig, länger daran zu arbeiten. Wenn man spürt, daß eine Erinnerung immer noch Energie bindet, kann man nach Möglichkeiten und Wegen suchen, sie aufzulösen. Das sollte jedoch in einem geschützten Rahmen passieren. Ist der Kern einer Erinnerung zum Beispiel Wut oder Zorn, kann man auf ein Kissen schlagen, gründlich die Wohnung putzen, eine Stunde durch den Wald joggen oder einen zornigen Brief schreiben (aber nicht abschicken!). Das ist keine Verdrängung, sondern eine sichere Methode, die Wut loszulassen, ohne andere Menschen zu verletzen. Wenn man sich für das Putzen entscheidet, kommt sogar noch etwas Positives dabei heraus! Eine weitere Möglichkeit ist, mit Menschen zu sprechen, zu denen man Vertrauen hat, ohne das Problem jedoch wegzureden. Wenn man nicht weiterkommt, ist es in manchen Fällen nötig, Hilfe in einer Therapie zu suchen. Diese kann dann wiederum mit Reiki vertieft werden. Erweiterte Bewußtseinszustände, wie sie in der Meditation oder bei Reiki auftreten, lassen uns einen ersten Blick auf unser größeres Selbst werfen, das weitaus mehr ist als unsere Persönlichkeit. Solche Erlebnisse können zu Anfang ungewohnt und auch etwas verwirrend sein.

"Als ich mir eine Reiki-Behandlung gab und dabei die Symbole benutzte, hatte ich das Eindruck, außerhalb meines Körpers zu

*sein. Ich hörte mich selbst atmen und betrachtete diesen Körper von außen wie den Körper eines fremden Menschen. Es war ein merkwürdiges Gefühl. Ich fragte mich, wem dieser Körper gehörte und ob das wirklich **Ich** war. Nach einigen Minuten war ich dann wieder ich selbst."*

*

"Während ich heute zum Seminar ging, hatte ich ein paar Mal das Gefühl, neben mir selbst herzugehen. Ich beobachtete die Person, die zum Seminar eilte, und stellte ihr Fragen. Diese Distanz verwirrte mich zunächst, aber dann fand ich es sehr interessant, mit mir selbst wie mit einer fremden Person zu sprechen."

Solche Erlebnisse können am Anfang bedrohlich wirken, weil sie unser Selbstbild in Frage stellen. Sich von dem zu distanzieren, was wir normalerweise als unsere Persönlichkeit ansehen, ist jedoch eine Voraussetzung für erweiterte Sinneswahrnehmung. Wir müssen uns innerlich leer machen von Vorstellungen, Gedanken und Emotionen, um aufnahmefähig für andere Ebenen der Wirklichkeit zu werden. Wenn wir uns nicht mehr soviel mit uns selbst und unseren Problemen beschäftigen, werden wir empfänglicher für das Energiefeld, in dem wir leben. Das kann sich zunächst in ganz alltäglichen Situationen auswirken. Vielleicht wissen wir, wer anruft, wenn das Telefon klingelt. Wir denken an etwas, und kurze Zeit später passiert es tatsächlich. Wir spüren die Energie, wenn wir einen Raum betreten. Wir hören, was ein anderer Mensch uns wirklich sagen will, ohne am Inhalt der Worte zu kleben. Bewußtseinserweiterung bedeutet, mehr und mehr der Intuition zu vertrauen. Es ist nicht nur eine Erweiterung, sondern eine Vertiefung unseres inneren Wissens. Wenn man eine Tür geöffnet hat, steht man vor einer neuen und kann wieder ein Stück weitergehen.

Ich habe viel mit Reiki und veränderten Bewußtseinszuständen experimentiert. Am besten geht es, wenn ich mich in einen

Zustand der Leere und Offenheit versetze. Wenn ich gespannt auf etwas warte, passiert überhaupt nichts Außergewöhnliches. Es läßt sich nicht steuern. Besondere Wahrnehmungen kommen meist unerwartet. Dann habe ich Zugang zu einem Wissen, das mir sonst nicht zur Verfügung steht. Bei Reikisitzungen versuche ich, mich nur auf die Hände und den Atem zu konzentrieren. Es kommt vor, daß ich Bilder sehe oder in den Körper hineinschauen kann. Manchmal wird mir erst nach ein paar Tagen etwas klar. Einmal gab ich einem Mann Reiki, der völlig leblos wirkte. Er war überhaupt nicht in seinem Körper. Ich hatte das Gefühl, einem Toten Energie zu geben. In der letzten Sitzung erhielt ich einen Hinweis, daß körperliche Anstrengung gut für ihn wäre. Ich traute dieser Intuition zunächst nicht, weil es mir zu simpel erschien. Aber es war genau das, was er brauchte, um mehr zu sich selbst zu kommen.

Im Grunde ist jede Erfahrung, die alte Begrenzungen aufhebt und den Zugang zu einer größeren Wirklichkeit ermöglicht, eine Bewußtseinserweiterung. Jeder hat natürlich seine eigenen Grenzen, wir setzen sie uns selbst: "Ich kann nicht ..." "Das geht nicht." "Ich möchte gern, aber ..." In einem meiner Reiki-Seminare war eine Frau, die unter Platzangst litt. Sie bekam jedesmal Angstzustände, wenn sie das Haus verlassen oder mit der U-Bahn fahren mußte. Am zweiten Tag kam sie ohne Probleme mit öffentlichen Verkehrsmitteln zum Seminar. Sie war überglücklich, diese Grenze überwunden zu haben. Es bedeutete ihr wesentlich mehr, als Farben zu sehen oder tolle Lichterlebnisse zu haben.

Wir sollten darauf achten, die Verbindung zur Erde nicht zu verlieren, auch wenn wir ungewöhnliche Erfahrungen machen. Manche möchten gern irgendwohin entschwinden und nur noch auf der rosaroten Reiki-Wolke sitzen. Das kann jedoch eine Falle sein. Reiki verstärkt die Intuition, aber es nimmt uns nicht die Verantwortung ab, weiter an uns selbst zu arbeiten. Wir können unsere Erfahrungen benutzen, um mehr Klarheit und Bewußtheit in unser Leben zu bringen. Wenn sich unser Verständnis für größere Zusammenhänge erweitert, fließt mehr Licht in alles, was wir tun. Mit zunehmender Praxis können wir dann genauer einschätzen, in welchem Bewußtseinszustand wir gerade sind und ihn anschauen: ich bin angespannt, ich mache mir Gedanken, ich bin müde, ich habe Schmerzen, ich bin aufgeregt, ich fühle mich leer, ich bin offen usw. Durch das Beobachten und Zuschauen kann sich die Energie weiter ausdehnen. Wir halten nicht mehr so fest, dadurch ändert sich automatisch auch der Bewußtseinszustand und kann auf eine andere Ebene springen. Das ist der Moment, wo Schmerzen plötzlich weggehen oder Aufregung in Ruhe und Gelassenheit übergeht. Es ist ein Schritt zu mehr Ganzheit.

Reiki ist Bewußtseinserweiterung mit einer Heilung als Nebeneffekt.

(Peter Weich)

Übung:
Fernwahrnehmung

Das ist eigentlich keine Übung, sondern mehr ein Spiel. Ich habe das Experiment öfter mit Freunden durchgeführt. Es hat uns immer viel Spaß gemacht, auch wenn keine großartigen Ergebnisse dabei herauskamen.
Wähle eine Person aus, mit der Du Dich gut verstehst und die Interesse daran hat. Es geht leichter mit Menschen, die eine ähnliche Schwingung haben. Macht eine Zeit aus, in der Ihr das Experiment durchführen wollt, vielleicht am Abend zwischen 20.00 und 20.30 Uhr. Ihr könnt das telefonisch vereinbaren.

Nehmt Euch ungefähr eine halbe Stunde Zeit. Eine Person ist der "Sender", die andere der "Empfänger". Dann werden die Rollen gewechselt. Einigt Euch, wer als erster sendet. Der Sender konzentriert sich nun zehn Minuten auf einen Gegenstand oder einen Begriff. Wenn man das Spiel zum ersten Mal macht, ist es besser, einfache Gegenstände zu nehmen, zum Beispiel eine Kerze, eine Blume oder einen Bleistift. Der Empfänger versucht nun herauszufinden, woran der andere denkt. Es ist wichtig, einfach offen und empfangsbereit zu sein und alles auftauchen zu lassen, was kommt, ohne es zu bewerten. Es ist ja ein Spiel und kein lebenswichtiger Wettbewerb. Nach zehn Minuten (Uhr in der Nähe aufstellen!) werden die Rollen getauscht.
Ruft Euch dann an und teilt Euch mit, was Ihr gesehen habt. Seid nicht enttäuscht, wenn es am Anfang noch nicht so gut klappt. Jeder Mensch hat telepathische Fähigkeiten, sie werden in unserer Kultur nur nicht entwickelt. Du kannst diese Fähigkeit trainieren wie einen Muskel.

Kapitel 8:

Begegnungen im Energiefluß
Mit Reiki Beziehungen heilen

Wenn unsere Energie sich ausdehnt, werden wir sensibler und offener für uns selbst und die Menschen, mit denen wir zusammen sind. Vielleicht sehen wir klarer, auf welchem Fundament unsere Beziehungen stehen und was uns wirklich mit anderen verbindet. Zu manchen Menschen haben wir einen stärkeren "Draht" als vorher, andere werden uns vielleicht fremder. Die Beziehungen zu unseren Eltern, Partnern, Freunden, Kindern, Nachbarn und Arbeitskollegen ändern sich, wenn wir durch einen Entwicklungsprozeß gehen. Wir erkennen deutlicher, wann wir uns zurückhalten, wann wir nicht offen und ehrlich sind oder wann wir eingefahrenen Mustern folgen. Der Energiefluß ist immer in Bewegung und führt uns zu bestimmten Zeiten mit Menschen zusammen, die für unsere Entwicklung wichtig sind.

Wir sind immer in Beziehung, nicht nur, wenn wir gerade eine Liebesbeziehung haben. Niemand ist eine Insel. Jeder Kontakt, wie flüchtig er auch sein mag, ist ein Energieaustausch. Wenn wir zum Einkaufen gehen, wenn wir mit einem Nachbarn sprechen, wenn wir im Kino oder in einem Konzert sitzen, sogar dann, wenn wir nicht unmittelbar mit jemand zusammen sind, besteht auf der Energieebene eine Verbindung. Vom ersten Moment an, wenn wir in diese Welt kommen, bis zu unserem Tod sind wir mit anderen Menschen in Kontakt. Alle, denen wir begegnen, sind Lehrer auf der Reise zu uns selbst. Jeder folgt seinem eigenen Rhythmus und geht seinen individuellen Weg. Durch die Lebensenergie, die in uns fließt, sind wir miteinander verbunden. Unsere Begegnungen und Beziehungen können uns helfen, mehr über uns selbst zu lernen. Sie sind ein Spiegel, wo wir gerade stehen.
Reiki rückt unsere Beziehungen zueinander sehr klar ins Licht. Im Seminar erleben zum Beispiel viele, daß sie mit ihren Problemen nicht allein dastehen und daß die Unterschiede zwischen uns gar nicht so groß sind. Wir haben ähnliche Schwierigkeiten, ähnliche Sehnsüchte, ähnliche Bedürfnisse. Andererseits ist jeder Mensch einzigartig und hat eine bestimmte Aufgabe in dieser Welt, die nur er erfüllen kann. Es ist nie ein Zufall, welche Menschen in einem Kurs zusammenkommen. Jeder hat dem andern auf seine Weise etwas zu geben. Die Gruppenenergie kann sehr viel in Bewegung setzen. Manchmal erhalte ich Anfragen von Menschen, die lieber individuell eingestimmt werden möchten. Das geht natürlich auch, aber ich lasse mich nur in Ausnahmefällen darauf ein. Gerade der erste Grad ist eine wunderbare Gelegenheit, mit anderen Menschen einmal ganz anders zusammen zu sein als sonst. Viele unserer Kontakte sind oberflächlich, distanziert und von Angst bestimmt. Bei einer Reikibehandlung kann man sich nicht mehr in die Mechanismen flüchten, die in unseren Beziehungen so oft die Hauptrolle spielen: über etwas hinwegreden, Monologe führen, den andern überzeugen wollen oder um Aufmerksamkeit kämpfen. Sich gegenseitig Reiki zu geben, ohne

viel dabei zu reden, ist eine beängstigende und zugleich befreiende Erfahrung. Viele Teilnehmer erleben zum ersten Mal, wie es ist, sich einem anderen Menschen zu überlassen und ihm zu vertrauen. Aus diesem Grund empfehle ich auch, die Partnerbehandlung mit jemanden zu machen, den man nicht kennt. Man kann sehr viel über sich erfahren. Wie fühlt es sich an, in so engem Kontakt mit einem anderen Menschen zu sein? Was erlebe ich selbst, was erlebt der andere?

"Ich hatte zuerst Angst und habe mich sehr angespannt. Ich fror, traute mich aber nicht, um eine Decke zu bitten. Dann empfand ich sehr viel Wärme und wurde ganz ruhig."

*

"Ich wußte nicht so recht, ob ich es auch richtig mache. Um meine Partnerin nicht zu beunruhigen, habe ich die Hände ziemlich weit weg gehalten. Ich spürte aber trotzdem deutlich den Energiefluß."

*

"Es war wunderbar, ich habe mich total geborgen und aufgehoben gefühlt. Normalerweise habe ich sehr viel Angst, mich berühren zu lassen. Es war ganz neu für mich, daß ich so loslassen konnte."

*

"Zu Anfang hatte ich die Augen offen und wollte sehen, was passiert. Dann bin ich doch tatsächlich eingeschlafen. Es war angenehm, einmal nicht reden zu müssen. In meinem Beruf werde ich sehr gefordert und muß immer anderen etwas erklären. Ich habe es sehr genossen, daß jemand für mich etwas tut."

Am ersten Tag sind viele unsicher, ob sie alles richtig machen, ob Reiki bei ihnen auch wirkt und ob sie von den anderen Teilnehmern angenommen werden. Es kommt viel in Bewegung, was bisher zurückgehalten wurde. Am zweiten Tag staune ich selbst immer wieder, wie gelöst die Gesichter sind und selbst Ängstliche mehr Selbstsicherheit ausstrahlen. Reiki deckt unsere Beziehungen zu anderen auf und gibt uns die Möglichkeit, sie zu klären.

Wenn wir länger mit Reiki arbeiten, bringt die Energie mehr Aufrichtigkeit in unsere Beziehungen. Manche Illusionen über uns selbst und unser Verhältnis zu unseren Mitmenschen müssen aufgegeben werden. Viele kommen erst durch schmerzhafte Erfahrungen zu diesem Punkt. Besonders am Anfang will man die ganze Welt mit Reiki beglücken und erlebt dann oft Unverständnis oder Zurückweisung. Reiki ist kein Mittel, um Nähe oder Zuwendung zu erzwingen. Wenn andere Menschen ablehnend reagieren, ist es wichtig, genau hinzuschauen. Möchte ich es jemand aufdrängen? Bin ich der Ansicht, daß der andere es unbedingt braucht? Warum? Möchte ich den andern verändern, weil mir bestimmte Eigenschaften an ihm nicht passen? Glaube ich, daß ich besser bin, weil ich Reiki mache? Das sind natürlich unbequeme Fragen. Aber sie zu stellen, bewahrt uns davor, auf den Heiler- oder Helfertrip zu gehen. Wir können immer nur bei uns selbst beginnen.

"Mein "Helfersyndrom" kann ich schon etwas zurücknehmen. Hinschauen zu können, ist eine neue Erfahrung für mich. Aber Rückfälle habe ich auch hier immer wieder."
*
"Ich mache seit einem halben Jahr Reiki und möchte es auch anderen geben. Manche nehmen es gerne an, aber ich habe auch öfter Schwierigkeiten damit. Eine Freundin von mir ist oft krank, lehnt aber jedesmal ab, wenn ich ihr Reiki anbiete. Ich glaube, sie hat Angst davor. Zuerst fühlte ich mich durch ihre Ablehnung zurückgewiesen, ich habe es sehr persönlich genommen. Wir haben uns ausgesprochen, und ich kann sie jetzt so annehmen, wie sie ist."
*

"Seit ich den zweiten Grad gemacht habe, gab ich allen meinen Arbeitskollegen Fern-Reiki und hatte viele Erfolge damit. Beschwerden wie Kopfschmerzen, Verspannungen in den Schultern oder Müdigkeit gingen weg. Aber ich habe den Eindruck, daß die meisten Reiki nicht so ganz ernst nehmen. Sie finden es nett, daß ich es mache, sagen aber nicht einmal danke dafür. Das hat mich geärgert. Ich habe dadurch gemerkt, daß ich immer nur für andere da bin, aber wenig für mich selbst tue. Seit kurzem gebe ich es hauptsächlich mir selbst und lerne eine Menge über mich und meinen Umgang mit anderen."

Beziehungen zu anderen Menschen, seien es Partner, Freunde oder Fremde, können ein ganzes Bündel an Gefühlen, alten Mustern, Erinnerungen und auch Einsichten in uns auslösen. Sie sind wie Spiegel, die Bilder von uns selbst zurückwerfen, mit denen wir noch nicht zurechtkommen. Wenn wir durch die Begegnung mit jemand verstört, aufgeregt, wütend oder verwirrt sind, werden Erlebnisse in uns aktiviert, die wir aus der Vergangenheit mitschleppen. Die meisten unserer erwachsenen Beziehungen sind Wiederholungen von Beziehungsmustern aus der Kindheit, als wir total abhängig von anderen Menschen waren, um zu überleben. Diese Erinnerungen sind immer noch lebendig in uns. Wir stecken viel Energie in die Suche nach einer vollkommenen Beziehung, die uns Sicherheit, Schutz, Liebe und Wärme verspricht. Wir suchen und suchen und werden doch immer wieder enttäuscht, denn ein wirklicher Mensch kann diesem Idealbild niemals entsprechen. Wenn wir gerade frisch verliebt sind, glauben wir vielleicht, den idealen Partner gefunden zu haben. Eine Zeitlang geht alles gut, und wir schweben im siebten Himmel. Doch irgendwann tut unser Partner etwas, was uns bitter enttäuscht. Das Idealbild ist zerbrochen, wir stehen vor einem Scherbenhaufen.

Die Heilung unserer Beziehungen beginnt, wenn wir uns selbst und andere Menschen in einem neuen Licht sehen. Bei Reiki ist das ganz wörtlich zu nehmen. Es kommt mehr Licht in all die Verworrenheit von Erinnerung und Projektion. Speziell der zweite Grad ist ein gutes Werkzeug, die Wunden aus der Kindheit zu heilen. Ich habe einige Monate lang jeden Tag Reiki auf den Zeitpunkt meiner Geburt und die ersten Lebensjahre gegeben. Es war eine sehr intensive Zeit. Ich träumte viel von Höhlen, dunklen Gängen und sich öffnenden Türen. Jahre später machte ich eine Rückführung, bei der ich meine Geburt noch einmal erlebte. Im Mutterleib sah ich ein dunkles Zimmer mit grünen Vorhängen und spürte die Nervosität und Angst meiner Mutter vor der Geburt. Eine ältere, dicke Frau mit einem Knoten im grauen Haar redete auf sie ein, sie solle sich beeilen und sich mehr anstrengen, mich auf die Welt zu bringen. Ich spürte deutlich den Druck, der auf mich ausgeübt wurde. Man drängte mich in diese Welt, ich konnte nicht meinem eigenen Rhythmus folgen. Ich sah alles lebhaft und in allen Einzelheiten vor mir. Mein Verstand konnte jedoch nicht glauben, daß das nach so vielen Jahren möglich war. Deshalb rief ich danach meine Mutter an und fragte sie nach den Umständen meiner Geburt, ohne ihr vorher zu sagen, was ich erlebt hatte. Sie beschrieb mir das Zimmer so, wie ich es gesehen hatte. Dann fragte ich sie, ob bei der Geburt noch jemand dabei gewesen wäre. Ihre Antwort warf mich fast um: "Ja, Frau G., die Hebamme, war dabei. Die war schon älter, hatte graue Haare und einen Knoten und war immer etwas hektisch." Ich konnte es nicht fassen. In vieler Hinsicht war dies ein Schlüsselerlebnis für mich. Ich wußte nun durch eigene Erfahrung, daß wir vom ersten Moment an jedes Erlebnis speichern, auch wenn wir uns nicht bewußt daran erinnern. Es war nicht mehr nur eine Theorie, die ich irgendwo gelesen hatte, aber nicht so recht glaubte. Mir wurde klar, wie sehr diese alten Erinnerungen unser Leben bestimmen. Nach und nach tauchten Ereignisse in meinem Bewußtsein auf, wo ich mich gedrängt und gehetzt gefühlt hatte. Es war ein nahezu durchgehendes Muster in meinem Leben, daß ich Aufgaben nur unter Druck erledigen konnte. Jetzt, wo ich die Zusammenhänge kannte, konnte ich beginnen, das Muster aufzulösen. Das heißt nicht, daß ich mich jetzt nie mehr gehetzt fühle, aber es bestimmt mich nicht mehr so stark. Außerdem wurde mir dabei auch klar, wie ganzheitlich Reiki wirkt. Es wirkt auf seine eigene Weise, wenn wir es auf ein bestimmtes Problem geben. Wenn die Zeit dafür gekommen ist, und wir bereit dafür sind, löst sich die Blockade auf. Ich empfehle deshalb beim zweiten Grad meistens, Reiki direkt auf Situationen oder die Beziehung selbst zu geben, nicht nur auf die andere Person. Bei Schwierigkeiten sind immer beide Seiten beteiligt, es ist nie nur einer "schuld." Natürlich heißt das nicht, daß Reiki nur auf diese Weise oder besser funktioniert. Es kann aber helfen, Projektionen zurückzunehmen und mehr Klarheit in festgefahrene Beziehungen zu bringen.

"Ich bekam in der Firma Schwierigkeiten mit meinem Chef. Er hielt mir alle Fehler der vergangenen Jahre vor. Ich war tief verletzt und blieb ein paar Tage zuhause. Das war aber keine Lösung, und das wußte ich auch. Ich bat um ein Gespräch mit ihm und gab Reiki auf diese Situation. Wir redeten und redeten, es kam aber keine Klärung zustande. Ich hielt daran fest, daß er sich bei mir entschuldigen mußte und hörte gar nicht richtig zu. Schließlich hatte er mir unrecht getan, ich war mir keiner Schuld bewußt. Das Gespräch wurde immer verfahrener. Keiner wollte nachgeben. Als ich gerade wieder mitten in einer Verteidigungsrede war, konnte ich auf einmal klar sehen, daß er sich die ganze Zeit entschuldigte, auch wenn er dies nicht mit Worten tat. Ich wurde ganz ruhig und konnte überhaupt nicht mehr verstehen, was mich so aufgeregt hatte. Es war, als ob sich das Gespräch um 180° gedreht hätte. Keiner hatte etwas anderes gesagt als vorher, und trotzdem war eine ganz andere Energie da. Wir konnten sogar über die Sache lachen. Ich weiß bis heute nicht, was in diesem Moment passiert ist. Es kann nur die Energie von Reiki gewesen sein."

Die üblichen starren Rollen, die wir uns gegenseitig zuweisen, können sich mit Reiki und dem Fluß der Energie verändern. Wir werden sensibler für unsere Umgebung und die unterschwelligen Energieströme, die immer mitschwingen. Ich habe oft die Erfahrung gemacht, daß ich eine Situation oder einen anderen Menschen bewußter wahrnehme, wenn ich Reiki darauf gegeben habe. Ich sehe sie mit anderen Augen. Das kann unter Umständen mein Bild davon völlig über den Haufen werfen. Wir neigen alle dazu, andere Menschen falsch einzuschätzen und sie dem inneren Bild, das wir von ihnen haben, anzupassen. Besonders bei Menschen, die uns nahestehen. Als ich gerade ein Jahr als Reiki-Lehrer gearbeitet hatte, besuchte mich meine Mutter an einem Wochenende, das ich für den ersten Grad eingeplant hatte. Sie wollte daran teilnehmen. Meine Mutter hat nie in ihrem Leben eine Gruppe gemacht, und ich hatte etwas Bedenken, ob sie damit zurechtkommen würde. Ich machte mir eine Menge Gedanken. Findet sie es seltsam, was ich da mache? Kann ich ein gutes Seminar machen, wenn mir meine Mutter dabei zuschaut? Wird sie die Teilnehmer akzeptieren? Wird sie verstehen, worum es geht? Ich erlebte eine Riesenüberraschung. Meine Mutter bewegte sich mit einer Selbstverständlichkeit in der Gruppe, als ob sie nie etwas anderes gemacht hätte, teilte begeistert ihre Erlebnisse mit und genoß das Seminar ganz offensichtlich. Ich traute meinen Augen und Ohren nicht und saß nur noch da und staunte. Es war ein Erlebnis! Obwohl ich sie genau zu kennen glaubte, erlebte ich ganz neue Seiten an ihr. Das Seminar hat unsere Beziehung zueinander sehr verändert und bereichert. Sie wendet Reiki nicht so an, wie es gelehrt wird (sie benützt nicht die Hände), und trotzdem habe ich manchmal das Gefühl, sie versteht es besser als ich.

Reiki kann sehr viel Licht in Beziehungen bringen, wenn wir bereit sind, uns auf den Prozeß der Klärung einzulassen. Dieser Prozeß ist oft schmerzhaft, denn es werden Unklarheiten und

Blockaden aktiviert, die vielleicht seit Jahren unter den Teppich gekehrt worden sind. Natürlich ist Reiki keine Eheberatung oder so etwas Ähnliches. Es nimmt uns nicht ab, daß wir alles tun, um unsere Schwierigkeiten zu bereinigen. Wir werden durch die Energie zu mehr Klarheit und Wissen geführt. Was wir auf diesem Weg bearbeiten und bewältigen müssen, ist individuell sehr verschieden. In den Seminaren sage ich manchmal: "Wunderheilungen kann ich mit Reiki nicht versprechen, aber Klarheit bringt es immer."

Durch die Lebensenergie sind wir nicht nur mit den Menschen in unserer unmittelbaren Umgebung, sondern mit der ganzen Welt verbunden. Auch was am anderen Ende der Welt passiert, hat mit uns allen zu tun. Viele Reiki-Praktizierende geben regelmäßig Energie auf Krisensituationen in der Welt. Inwieweit sich das auswirkt, kann man nicht immer gleich feststellen, aber es verändert auf jeden Fall die eigene Sicht der Dinge.

"Während des Golf-Krieges gab ich Reiki auf Saddam Hussein und die Situation am Golf. Ich hatte zunächst überhaupt nicht daran gedacht und wehrte mich anfangs auch dagegen. Meistens praktiziere ich den zweiten Grad so, daß ich mich hinsetze, entspanne, die Symbole gebe und darauf warte, wer vor meinem inneren Auge auftaucht und gerade Energie braucht. Das hat sich ganz gut bewährt. Als Saddam Hussein auftauchte, war meine erste Reaktion Widerstand. Dem sollte ich Energie geben? Aber ich hatte inzwischen gelernt, der inneren Führung zu vertrauen, und ließ mich darauf ein. Während ich Reiki gab, sah ich ihn als tief verletztes, weinendes Kind. Irgendwie spürte ich, daß dies der Ursprung für all die Grausamkeiten war, und daß er genau diese Energie brauchte, um erlöst zu werden."

Durch das Festhalten an Feindbildern wird sehr viel Energie hineingepumpt, die irgendwann eine Realität schafft. Unsere

Gedanken haben sehr viel Kraft. Dabei fällt mir die Erzählung "Andorra" von Max Frisch ein. In dieser Geschichte wird ein Nicht-Jude zu einem Juden, weil alle Welt ihn dafür hält. Wenn wir unsere Schwierigkeiten nach außen projizieren und auf der äußeren Ebene agieren oder vielmehr reagieren, wird sich an den Problemen in der Welt nicht viel ändern. Wir müssen zur Quelle zurückgehen. Wir haben alle ein verwundetes Kind in uns, das um sich schlägt, um sich für die Verletzungen in seiner Kindheit zu rächen. Wir können damit beginnen, den Krieg in uns selbst zu heilen. Dann ist es möglich, aus der Ganzheit zu handeln, denn in unserem Bewußtsein sind wir miteinander verbunden. Unsere Gedanken und Handlungen haben eine Auswirkung auf andere. Ich weiß, daß das schwer zu akzeptieren ist und daß wir innerlich schreien: "Aber ich bin doch nicht so!" Mir geht es nicht anders. Doch hat es wenig Sinn, Frieden in die Welt bringen zu wollen, wenn man mit sich selbst nicht in Frieden ist.

Reiki ist eine gute Möglichkeit, Selbstheilung und die Heilung des Planeten zu verbinden, weil es in die Ursache fließt. Es geht immer an die Quelle einer Blockade. Das gilt auch für die Umwelt. Einige Reiki-Leute geben regelmäßig mit dem zweiten Grad Energie auf Gebiete, die besonders gefährdet sind. Es ist natürlich wichtig, nicht nur Reiki zu geben, sondern auch entsprechend zu handeln und sorgsam mit den Geschenken der Natur umzugehen. Bei ganzheitlichem Handeln widersprechen sich die geistige und die praktische Ebene nicht. Wir tun, was wir sind, und wir sind, was wir tun.

Übung:
Beziehungen heilen

mit dem ersten Grad:

Wenn Du ein Problem mit jemand hast, kannst Du es in die Reiki-Behandlung mit einbeziehen. Während Du Dir die Hände auflegst, laß die Person vor Deinem inneren Auge auftauchen. Sprich mit ihr. Es ist aber wichtig, daß Du bei Dir und Deinen Gefühlen bleibst und Dich nicht in Vorwürfe verwickelst. Sag also nicht: "Du hast mir das angetan", sondern "Ich bin traurig über ... " oder "Ich fühle mich verletzt." Sag Deine Wahrheit, so wie Du die Situation empfindest. Laß sie in die Energie einfließen und sich auflösen. Laß auch zu, wenn Gefühle aufsteigen. Halt sie nicht fest. Sei mit Deinen Gefühlen in Kontakt und nicht mit den Gedanken, die Du über diese Person hast.

mit dem zweiten Grad:

Wende zunächst die Technik des zweiten Grades an, wie Du sie gelernt hast. Sieh die Person vor Dir wie auf einer Fotografie. Laß nun die Umrisse immer mehr verschwimmen, bis nur noch ein Lichtmuster übrig bleibt. Mach das mehrmals, bis Du das Gefühl hast, daß Dein Bild von dieser Person sich aufgelöst hat.

Kapitel 9:

Im Fluß der Wandlung
Mit Reiki Transformation beschleunigen

Ein Mann, der Herrn K. lange nicht gesehen hatte, begrüßte ihn mit den Worten: "Sie haben sich gar nicht verändert." - "Oh", sagte Herr K. und erbleichte. (Bert Brecht)

Auf einer Tagung kam eine Frau auf mich zu und begrüßte mich überschwenglich. Sie kam mir bekannt vor, doch ich wußte nicht, wo ich sie schon einmal gesehen hatte. Ich betrachtete sie genauer, während sie sprach. Sie trug ein Kostüm, das gut zu ihrem Typ paßte, hatte eine modische Frisur und wirkte sehr sicher und selbstbewußt. Aber es war nicht nur das Äußere. Sie strahlte Kraft und Begeisterung aus. Dann erinnerte ich mich. Sie hatte vor einem Jahr den ersten Grad gemacht. Ein schüchternes Mädchen, das vor allem Angst hatte. Sie wollte ihren alten Job aufgeben und traute sich nicht. Sie wollte aus einer unbefriedigenden Beziehung heraus und schaffte es nicht. Und nun stand eine

Frau vor mir, die vor Lebensfreude nur so sprühte. Ein neuer Mensch. Sie hatte eine Arbeit gefunden, die ihr viel Spaß machte, und sich von ihrem Partner getrennt. Anscheinend sollte ich an diesem Tag eine Lektion in "Veränderungen" durch Reiki bekommen, denn eine Stunde später traf ich eine andere Frau aus dem gleichen Seminar. Auch sie sah sehr verändert aus. Das war nicht mehr die verhärmte Frau, die über ihr Hautleiden jammerte und in Resignation versank. Sie erzählte mir strahlend, daß die Ausschläge fast völlig zurückgegangen waren. Irgendwie wirkte sie runder und ganzer, ich weiß nicht, wie ich es anders ausdrükken soll. Bei beiden Frauen war mehr passiert als nur eine Veränderung der äußeren Situation, das war spürbar.
Auch Reiki-Lehrer möchten gelegentlich handfeste Beweise für die Wirksamkeit der Energie. Der Verstand kann es einfach nicht packen und braucht ab und zu einen Knochen, an dem er sich festbeißen kann. Es ist, als hätte das Universum Verständnis für dieses Bedürfnis. Jedenfalls mache ich mit schöner Regelmäßigkeit besondere Erfahrungen, wenn ich gerade in einer Zweifel-Phase bin. Manchmal habe ich sogar den Verdacht, daß die Lebenskraft insgeheim lächelt und zu mir sagt: "Na, bist Du nun zufrieden?" Das Universum hat sehr viel Humor und Geduld angesichts menschlicher Schwächen. Im wahrsten Sinn eine Engelsgeduld, wie es so schön heißt. Das spüre ich immer wieder.

Viele, die ins Reiki-Seminar kommen, suchen eine Möglichkeit, an ihrer derzeitigen Situation etwas zu verändern: die Arbeit wechseln, in eine andere Wohnung ziehen, einmal länger Urlaub machen, ein paar Pfunde abnehmen, Spannungen abbauen oder sich mehr Zeit für wichtige Dinge nehmen. Warum tun wir es dann nicht? Was lähmt uns so, daß wir selbst einfache Dinge nicht in die Tat umsetzen können? Die Hindernisse liegen in uns selbst, nicht auf der äußeren Ebene. Niemand hindert uns daran, die Dinge zu verwirklichen. Wenn ich die Arbeit oder die Wohnung wechseln will, brauche ich nur zu kündigen. Wenn ich mehr Zeit für mich haben will, brauche ich sie mir nur zu nehmen. Wenn ich länger Urlaub machen will, brauche ich es nur zu tun. Das klingt sehr einfach. Aber es ist tatsächlich einfach, wenn nicht die Stolpersteine in unserem Unterbewußtsein wären. Veränderung ist mit Risiko verbunden, und davor haben wir Angst. Wir sträuben uns innerlich, weil wir das Vertraute aufgeben und den Sprung ins Ungewisse wagen müssen. Wir möchten uns verändern, aber gleichzeitig alles unter Kontrolle haben. Das Risiko soll voraussehbar sein. Wir bleiben lieber unglücklich verheiratet, weil wir nicht wissen, ob wir das Alleinsein aushalten oder einen neuen Partner finden. Wir geben eine Stelle nicht auf, weil wir nicht wissen, was uns in einer neuen erwartet. Das Vertraute ist zwar unangenehm, aber es gibt uns ein Gefühl von Sicherheit. Es ist, als hätten wir einen Fuß auf dem Gas- und den anderen auf dem Bremspedal. Auf diese Weise bewegt sich gar nichts. Es ist nicht möglich, Veränderung anzustreben und gleichzeitig im alten Trott weiterzumachen. Das Leben gibt uns keine Garantien. Wenn ich länger Urlaub mache oder mir mehr Zeit für wichtige Dinge nehme, weiß ich vorher nicht, ob ich mich nicht nach einer Woche langweile. Wenn ich mich von meinem Partner trenne oder mein bisheriges Leben aufgebe, ist das Risiko noch größer.

Reiki kann uns Kraft und Mut geben, Hindernisse in uns zu beseitigen und uns für neue Wege zu öffnen. Man kann das Schritt für Schritt tun und nach und nach die Steine aus dem Weg räumen. Das fängt mit kleinen Dingen an.

"Ich habe angefangen, bei mir aufzuräumen. Zuerst im Keller. Es war unglaublich, was da alles rumlag: alte Sachen, die ich nie wieder benutzt habe, kaputte Geräte, alte Kleider. Dann habe ich meinen Schreibtisch durchgeforstet. Ich fand zehn Jahre alte Briefe, Karten und Notizen, mit denen ich überhaupt nichts anfangen konnte. Warum hatte ich die aufgehoben? Einige davon las ich nochmal durch und wußte beim besten Willen nicht mehr,

worum es ging. Ich war einen ganzen Tag lang damit beschäftigt. Mir war richtig schlecht von diesem alten Zeug. Schließlich zerriß ich alle Briefe und Papiere. Ich fühlte mich sehr erleichtert und befreit."

*

"Ich habe seit längerer Zeit meinen Beruf als Lehrerin aufgegeben. Die Bücher, Ordner und Unterrichtsvorbereitungen lagen immer noch in meiner Wohnung herum. Ich rief in mehreren Schulen an, ob sie die Sachen brauchen könnten. Nach einer Woche war ich alles los. Ich hatte das Gefühl, mich endgültig von meiner Vergangenheit getrennt zu haben."

*

"Wir haben unsere ganze Wohnung umgeräumt. Alle Möbel wechselten den Platz. Der Eßtisch steht jetzt am Fenster, den Fernsehapparat haben wir verschenkt, das Schlafzimmer ist jetzt Arbeitszimmer. Wenn ich nach Hause komme, habe ich das Gefühl, ich wäre umgezogen."

*

Ich muß jedesmal lachen, wenn mir Teilnehmer später solche Erlebnisse erzählen, denn ich habe genau das gleiche gemacht. Reiki scheint eine richtige Aufräumwut auszulösen. Im Laufe der Jahre wurde meine Wohnung immer leerer. Jetzt ist nur noch das drin, was ich wirklich brauche und benutze oder was mir einfach Freude macht. Ich hatte irgendwann das Gefühl, daß all das Zeug, was in Schränken und Kisten herumliegt, Energie bindet. Wenn es auf der materiellen Ebene noch da ist, spukt es wahrscheinlich auch noch in meinem Geist herum, ob ich nun bewußt daran denke oder nicht. Noch bin ich nicht fertig mit dem inneren und äußeren Aufräumen.

Veränderungen auf der äußeren Ebene sind meistens ein Zeichen, daß in unserem Inneren etwas in Bewegung geraten ist. Reiki wirkt wie ein Katalysator oder Beschleuniger. Alte Muster werden weggespült. Wie schnell und in welcher Form das geschieht, ist bei den einzelnen Menschen sehr verschieden, denn Reiki wirkt sehr individuell. Manchmal verändern sich hartnäckige Blockaden erst unter Druck oder in einer schweren Krise. Erst wenn eine Situation unerträglich geworden ist, unternimmt man etwas. Man zieht sich an den eigenen Haaren aus dem Sumpf.

"Ich war total arbeitssüchtig, schuftete fast Tag und Nacht und fuhr nur in Urlaub, wenn meine Familie mich dazu zwang. Öfter tauchte der Gedanken auf: So geht es nicht weiter. Ich schob ihn beiseite und hetzte mich ab. Eines Tages brach ich auf einer Konferenz zusammen. Als ich mich wieder erholt hatte, sagte ich alle Termine ab und zog mich für einen Monat zurück. Ich zog Bilanz. Hatte sich das alles gelohnt? Wollte ich wirklich so weiterleben? Zum ersten Mal sah ich ganz klar, was ich mir selbst und meiner Familie antat. Es tat sehr weh. Langsam fing ich an, mein Leben umzustellen. Heute arbeite ich nur noch soviel, damit meine Familie und ich davon leben können. Ich muß nicht alles doppelt und dreifach haben. Wir kommen auch mit wesentlich weniger aus und haben dafür mehr Zeit und Spaß zusammen."

Nicht immer sind Veränderungen so schmerzhaft wie in diesem Fall. Manchmal geht es ganz leicht, wie von selbst. Wir müssen jedoch alte Denk- und Lebensweisen aufgeben und wirklich bereit sein, uns zu wandeln. Der Mann hätte nach seinem Zusammenbruch auch einfach wieder in die Firma zurückkehren und so tun können, als ob nichts geschehen wäre. Wenn wir Veränderungen Widerstand entgegensetzen, kann auch Reiki nichts bewirken. Reiki bringt Licht in den Schatten der Unbewußtheit. Es ist ein Werkzeug, bewußter zu werden und mehr Klarheit zu gewinnen, aber es muß gelebt werden. Einsichten und Erkenntnisse, die nicht ins Leben gebracht werden, sind nicht viel wert. Das ist ähnlich wie bei all den guten Vorsätzen, die am Silvesterabend für das Neue Jahr gefaßt und doch nie in die Tat umgesetzt werden. Wie viele tolle Ideen haben wir über Veränderungen und tun es dann doch nicht. Du kannst die besten Zutaten haben, um einen Kuchen zu backen. Wenn Du ihn nicht bäckst, wird es nie einen Kuchen geben. Das heißt jedoch nicht, daß man von einem Tag auf den andern sein ganzes Leben umkrempeln soll. Wenn jemand ständig umzieht oder von einer Stelle zur anderen wechselt, kann das auch ein Zeichen sein, daß er vor sich selber wegläuft. Wir können jedoch beginnen, nach und nach die inneren Barrieren abzubauen. Reiki ist dabei eine große Hilfe, das habe ich immer wieder erlebt.

Die Kraft von Reiki bewirkt hauptsächlich einen Wandel in unserem Bewußtsein. Das geht ganz still vor sich, fast unbemerkt von unserem Alltagsverstand. Deshalb werden Veränderungen auf der physischen Ebene lange Zeit gar nicht erkannt. Sie schleichen sich ein wie ein unbemerkter Gast und treten dann ganz überraschend zutage. Wir bemerken sie nicht, weil alles so normal ist. Solange wir ein Problem haben, ist es ein Störfaktor und nimmt sehr viel Raum in unserem Bewußtsein ein. Wenn es verschwunden ist, vergessen wir vollkommen, daß wir es je hatten.

"Ich bin Trainerin und halte das ganze Jahr über Kurse in Firmen. Vielleicht habe ich mir diesen Beruf deswegen ausgesucht, weil ich eigentlich Schwierigkeiten habe, vor anderen Menschen zu sprechen. Das war schon in der Schule so. Wenn ich ein Gedicht vortragen mußte, brach mir der Schweiß aus, ich stotterte und glaubte vor Scham zu sterben. Auch wenn ich meine Kurse hielt, machte ich vorher immer Entspannungsübungen und war trotzdem sehr aufgeregt. Ich gab einige Zeit mit dem zweiten Grad Reiki auf dieses Problem, aber es schien sich nicht viel zu verändern. Nach wie vor war ich sehr nervös und hatte Angst. Ich gab weiter Reiki und kümmerte mich nicht mehr darum. Es war mein Schicksal, und ich mußte damit leben. Als ich vor kurzem einen Vortrag hielt, stellte ich auf einmal fest, daß ich überhaupt

kein Manuskript benutzte! Ich sprach, diskutierte, ging auf Fragen ein, bewegte mich locker unter den Teilnehmern und merkte, wieviel Spaß mir die Sache machte. Ich fing mitten im Satz schallend an zu lachen. Ein Wunder war geschehen, und ich hatte es nicht einmal bemerkt!"

Die meisten von uns erwarten, daß Veränderung und Wandel sehr dramatisch auftreten. Die Sterne sollen vom Himmel fallen. Eine göttliche Stimme soll zu uns sprechen. Von einer Sekunde zur andern verwandeln wir uns von einer Raupe in einen wunderschönen Schmetterling. Transformation sollte mindestens so schön sein wie in einem Hollywood-Film. Doch meist geschieht wirkliche Veränderung auf der äußeren Ebene sehr undramatisch, während sich in uns tatsächlich ein unglaubliches Wunder ereignet. Was nicht heißt, daß es nicht ab und zu auch dramatisch ist. Man muß bereit sein, die Wunder auch zu sehen und anzunehmen. "Heute oder morgen können sie geschehen. Wenn sie Dir begegnen, mußt Du sie auch sehen", heißt es in einem Schlager. Wenn ich beim zweiten Grad über die "Reiki-Box" spreche, fällt mir immer ein Erlebnis ein, das ich in diesem Zusammenhang hatte. Die Reiki-Box ist ein kleiner Behälter, in den man alles hineinsteckt, worauf man Energie geben will: Wünsche, Personen, Affirmationen, Probleme und Ziele. Manche finden das ein wenig albern und kindisch. Aber die Box hat einen großen Vorteil. Wenn man sie füllt, muß man sich darüber klar werden, worauf man überhaupt Reiki geben will. Wen oder was will ich hineingeben? Was ist mir wichtig? Was will ich wirklich? Dieses kleine Ding kann einiges zur Bewußtwerdung beitragen. Ich selbst arbeite kaum noch damit, nehme sie aber immer mit, um Beispiele zu zeigen, was man auf die Zettel schreiben kann. Dazu muß ich natürlich nachschauen, was ich drin habe. Als ich vor einem Seminar die Zettel aufrollte, einen nach dem andern, sah ich, daß sich fast alles erfüllt hatte. All diese Sätze und Worte waren Wirklichkeit geworden. In meiner Blindheit für die Wunder des

Lebens hatte ich es gar nicht bemerkt. Ich wurde sehr still und spürte die unendliche Liebe der Existenz. Sie sorgt immer für uns.

Tiefgreifende Wandlung ist mehr als die Veränderung der Lebensumstände. Sie geschieht in unserem Herzen und in unserer Seele. Es ist ein Erwachen aus dem Schlaf der Unbewußtheit. Wir müssen dazu nicht einmal woanders hingehen, sondern uns nur dafür öffnen. Wenn wir dem Fluß der Energie und der Lebenskraft folgen, geschieht Wandlung wie von selbst. Aber es gibt kein Rezept dafür, wie man sich öffnet. Es ist keine Entscheidung des Verstandes. Wandlung kann durch ein äußeres Ereignis ausgelöst werden, aber im Grunde vollzieht sie sich im Bewußtsein. Wirkliche Wandlung kommt von innen. Wenn wir der Kraft erlauben, durch uns zu strömen, kann sie alte Denkgewohnheiten, Blockaden und Widerstände schmelzen. Eines Tages sind sie weg. Die Energie richtet sich jedoch nicht nach unserer linearen Zeit. Vor allem dann nicht, wenn wir etwas möglichst schnell haben wollen. Es kann drei Tage, viele Jahre oder mehrere Leben dauern, bis ein bestimmtes Muster aufgelöst ist. Nichts wird sich manifestieren, wofür ich noch nicht wirklich bereit bin. Viele möchten die einzelnen Grade möglichst schnell hintereinander machen. Das beschleunigt aber nicht automatisch den Wachstums-prozeß. Innere Bereitschaft und Hingabe, der richtige Zeitpunkt (in einem universellen Sinn) und das richtige Mittel bilden die Schnittstelle, die ganzheitliche Heilung ermöglicht. Wenn alles zusammenkommt, werden explosionsartig Energien freigesetzt. Das sind die Momente, in denen Wunderheilung oder Erleuchtung geschieht.

Reiki wirkt auch dann, wenn wir denken, es tut sich überhaupt nichts. Geduldig und unauffällig macht es im Hintergrund seine Arbeit. Die Lebensenergie fließt immer, wie unser Atem und das Blut in unseren Adern. Manche entwickeln mit der Zeit mehr Bewußtsein für diese ständige Gegenwart.

"Ich kann nicht genau sagen, ob Reiki wirkt. Ich mache es regelmäßig und vergesse es dann wieder. Irgendwie hat sich mein Leben aber verändert. Es ist reicher geworden. Ich kann es schlecht in Worte fassen, was es genau ist. Es ist etwas hinzugekommen, was vorher nicht da war.
"Reiki hat eine andere Qualität in mein Leben gebracht. Ich kann nicht genau sagen, ob es nur Reiki ist, ich mache auch noch andere Sachen. Aber das ist auch nicht so wichtig. Irgendwie ist es immer da, auch wenn ich gar nicht daran denke. Es ist wie ein guter, verläßlicher Freund, den ich jederzeit anrufen kann, egal, ob es mir schlecht oder gut geht. Der mich so akzeptiert, wie ich bin."

Ich habe bei der Arbeit mit Reiki lernen müssen, daß ich nichts erzwingen kann. Oft war ich ungeduldig und wollte vorwärtsstürmen in eine transformierte Zukunft, wo alle Probleme gelöst waren. Die Energie von Reiki brachte mich wieder zur Gegenwart zurück. Unbedingt alles anders haben zu wollen, ist fast eine Garantie dafür, daß sich nichts verändert. Es ist Widerstand gegen das, *was ist*. In jedem Augenblick fließt alles zusammen, was wir je erlebt haben, in diesem besonderen Ausschnitt und Moment, der jetzt ist. Wenn man den Augenblick so erlebt, wie er ist, verschwindet das Ich, das dauernd etwas tun möchte. Die Energie kann wieder fließen.

Wir wandeln uns nicht, indem wir anders handeln. Wir wandeln uns, indem wir uns ganz auf unsere Erfahrungen einlassen, so daß wir bewußt an allem teilhaben, was das Leben uns enthüllt.

(Richard Moss)

Übung:
Dem Fluß der Veränderung folgen

Suche Dir einen Gegenstand aus, mit dem Du üben willst. Es kann ein einfacher Gegenstand sein, eine Vase, ein Glas, eine Blume oder der Teppich in Deinem Zimmer. Du kannst auch einfach aus dem Fenster schauen.

Setze Dich in einem Abstand von einem halben bis einen Meter davor. Vergiß alles, was Du über Meditation oder Konzentration gehört hast. Darum geht es hier nicht. Richte Deine Augen nun entspannt auf den Gegenstand und betrachte ihn. Es ist wichtig, nicht zu starren, sondern Deine Augen etwas unscharf zu machen. Wenn Du eine Brille trägst, nimm sie ab.

Du wirst sehen, daß sich der Gegenstand ständig verändert, während Du ihn anschaust. Folge einfach diesem Fluß. Löse Dich von allen Erinnerungen. Betrachte ihn, als ob Du ihn nie zuvor gesehen hättest. Laß ihn sich verändern. Es kann sein, daß Du ihn ab und zu verschwommen wahrnimmst, oder daß er sich bewegt. Vielleicht siehst Du einen Lichtschein um ihn. Wenn Gedanken auftauchen, beziehe sie einfach mit ein und laß sie mitfließen und sich verändern.

Du kannst auch Dich selbst als "Gegenstand" nehmen und Dich vor einem Spiegel betrachten. Das ist allerdings etwas schwieriger, weil Du wahrscheinlich sehr viele Gedanken über Dich selbst hast. Wenn Du Dich liebevoll anschaust, ist es leichter. Mach die Übung so lange, wie es Dir angenehm ist und sie Dich interessiert. Das können zehn Minuten oder eine halbe Stunde sein. Wenn Du Widerstand spürst, hör auf. Es geht nicht darum, etwas Besonderes zu sehen, sondern einfach mit dem zu sein, was ist. Wenn die Übung Dir nicht liegt, zwinge Dich nicht dazu und probiere sie vielleicht zu einem späteren Zeitpunkt nochmal aus. Vielleicht hast Du dann einen anderen Zugang dazu.

Kapitel 10:

Alle Flüsse fließen ins Meer
Reiki und andere spirituelle Techniken

Aus spiritueller Sicht ist das Leben eine Reise zu uns selbst. Es gibt unendlich viele Wege. Sie führen alle zum gleichen Ziel - zu unserem wahren Selbst, was immer das sein mag. Auf der Suche nach der Wahrheit entdecken wir unsere inneren Landschaften. Manchmal erreichen wir einen Hügel und können mehr überblikken, dann wieder tauchen wir in den tiefen See unseres Unterbewußtseins ein, oder wir finden uns unvermittelt in einer Wüste wieder. Es ist ein Abenteuer, diese inneren Landschaften zu erforschen. Alles, was wir erleben, kann ein Anstoß sein zu wachsen und zu lernen - oder auch nicht. Es ist nicht die gute oder schlechte Methode, die uns weiterbringt, sondern die innere Bereitschaft, sich darauf einzulassen. Man kann Dutzende von Seminaren besuchen und doch nicht sehr viel weiterkommen. Um sich auf den vielen spirituellen Wegen, die es gibt, nicht hoffnungslos zu verirren, ist es wichtig, die eigene Motivation zu untersuchen. Was erwarte ich von einem Seminar, einer Methode oder einem spirituellen Weg? Bin ich bereit, mich selbst in Frage zu stellen? Kann es mich an dem Punkt, wo ich gerade bin, unterstützen? Spricht dieser Weg oder diese Methode etwas in mir an? Auf welcher Ebene möchte ich zur Zeit mehr an mir arbeiten? Inwieweit bin ich bereit, mich zu verändern? Wenn man nur ein nettes Wochenende mit interessanten Leuten verbringen will, so ist das zwar auch in Ordnung, aber ein Kinobesuch oder eine Fahrradtour wäre billiger gewesen. Andererseits ist keine Erfahrung umsonst. Selbst wenn man glaubt, daß das Seminar ein Flop war, ist das eine wichtige Erkenntnis und trägt vielleicht dazu bei, das nächste Mal genauer hinzuschauen.

Die Meinungen, ob man nur einem bestimmten Pfad folgen oder möglichst viele ausprobieren soll, gehen sehr auseinander. Beides hat Vor- und Nachteile. Spirituelles Inselhüpfen ist auf Dauer sicher nicht zu empfehlen und kann zu einer Flucht vor sich selbst werden. Ich habe im Lauf der Jahre viele solche Menschen kennengelernt. Sie machen heute Chakra-Arbeit, morgen Reiki und übermorgen Reinkarnation und jammern trotzdem die ganze Zeit, daß es ihnen nicht besser geht. Sie sind im Grunde gar nicht daran interessiert, etwas in sich zu verändern. Manche machen ein Seminar nach dem andern, nur um sich zu beweisen, daß nichts funktioniert. Und so ist es dann auch, denn wir schaffen unsere eigene Realität.

Wenn man jedoch stur nur einem Pfad folgt und sich auf Gedeih und Verderb einer Methode oder einem Guru ausliefert, sperrt man sich selbst in ein Gefängnis. Alles, was davon abweicht, wird als Bedrohung empfunden. Der Pfad führt dann nicht zu spiritueller Freiheit, sondern zu Blindheit. Nicht jeder spirituelle Weg ist für jeden Menschen der richtige. Was zu einem bestimmten Zeitpunkt des Lebens für jemand sehr förderlich sein kann, wirft ihn vielleicht zu einem anderen Zeitpunkt wieder zurück. Wenn mich ein Boot zum andern Ufer gebracht hat, warum sollte ich es weiterhin mitschleppen? Vielleicht ist auf meinem Weg als nächstes eine Bergbesteigung dran, und dafür ist das Boot völlig ungeeignet.

Was mich an Reiki begeistert, ist seine Einfachheit und die Freiheit, die es mir gibt. Für mich ist Reiki kein festgelegter spiritueller Pfad, sondern eine Ergänzung, Bereicherung, Verstärkung und Vertiefung für alles, was mir auf meinem Weg begegnet. Ich kann es als Taschenlampe benutzen, wenn ich längere Zeit im Dunkeln gehe. Oder als Lautsprecher, damit ich meine innere Führung besser hören kann. Manchmal ist es ein Wegweiser, wenn ich nicht weiß, in welche Richtung ich gehen soll. Es begleitet und führt mich zugleich, geduldig und immer gegenwärtig.

Ich bin neugierig und experimentiere gern. So ging es mir auch auf dem spirituellen Weg. Wenn etwas mein Gefühl ansprach, wollte ich es näher kennenlernen. Als ich Reiki begegnete, hatte ich schon einige Erfahrung mit verschiedenen spirituellen Praktiken. Daß Reiki besonders gut mit anderen Methoden der Energiearbeit, zum Beispiel mit Kristallen, Farben oder Chakrenbehandlung kombiniert werden kann, ist bekannt. Darauf möchte ich hier nicht eingehen. Stattdessen will ich an einigen Beispielen zeigen, wie die Lebenskraft in alles einfließen und dazu beitragen kann, sich weiter zu öffnen. Ich kann natürlich nur das schildern, was ich selbst erlebt habe und weiß nicht, ob es immer so wirkt.

Meditation

Meditation bedeutete für mich ursprünglich, mit verschränkten Beinen auf einem Kissen zu sitzen und mich zu konzentrieren. Mein Ziel war, vom Alltag abzuschalten und mich in eine Oase der Ruhe zurückzuziehen. Nach längerer Praxis stellte ich fest, daß der Lärm, dem ich zu entfliehen versuchte, gar nicht von außen, sondern aus meinem Inneren kam. Wenn ich mich in einen ruhigen Raum setzte und zu meditieren begann, war die äußere Welt nicht verschwunden, ihr Echo hallte immer noch in mir wider.

Die Stille, die ich suchte, hatte nichts mit den äußeren Gegebenheiten zu tun. Manchmal begegnete ich ihr während der Meditation, manchmal bei Spaziergängen, einmal sogar in der Stadt, inmitten von hastenden Menschen, hupenden Autos und Leuchtreklamen. Sie ist der Raum zwischen den Gedanken, der Ton innerhalb des Tons, das Auge des Orkans, die Unmittelbarkeit des Augenblicks. Man kann sie überall entdecken. Meditation ist ein Werkzeug, uns ihr näher zu bringen.

Ich habe viele Formen der Meditation praktiziert: Zen, Tai Chi, Kum Nye, dynamische Meditation, Kundalini, Vipassana. Alle haben mich in meiner Entwicklung sehr unterstützt. Tai Chi kam meinem Bedürfnis nach Bewegung entgegen, Zen führte mich über die Grenzen meines Verstandes hinaus, mit Kum Nye konnte ich beides verbinden. Die dynamische Meditation lernte ich während einer zweijährigen Transformationsgruppe kennen. Zu ihr entwickelte ich eine Art Haßliebe. Ich mochte sie nicht besonders, konnte aber andererseits die positiven Auswirkungen nicht leugnen. Langsam wurde mir klar, daß es nicht so sehr darauf ankam, was ich machte, sondern auf meine Bereitschaft, mich darauf einzulassen. Allen Wegen lag etwas Gemeinsames zugrunde: mehr Bewußtheit zu entwickeln.

Als ich Reiki begegnete, glaubte ich, daß es mit Meditation nicht viel zu tun hat, jedenfalls nicht mit den Meditationstechniken, die ich praktizierte. Ich steckte es in die Schublade "Heilung" und "Energiearbeit". Darin blieb es erst einmal liegen. In meinem Tagesprogramm waren Zeiten eingeplant, in denen ich mir Reiki gab, und Zeiten, in denen ich meditierte oder Körperübungen machte. Reiki kümmerte sich jedoch nicht um meine Vorurteile.

Es führte mich zu dem Punkt, wo die Trennungen in meinem Kopf aufgehoben wurden. Während einer Meditation legte ich, ohne viel darüber nachzudenken, die Hände auf mein Herzchakra und ließ sie dort bis zum Ende liegen. Diese winzige Veränderung brachte eine neue Qualität in meine Meditation. Sie wurde tiefer, entspannter und fließender. Wenn ich Reiki einbeziehe, geschieht etwas in meinem Bewußtsein. Es ist, als würde ein Licht eingeschaltet, das die dunklen Ecken ausleuchtet. Ich kann alles in einem größeren Zusammenhang sehen und mich mehr dem Fluß überlassen. Meistens meditiere ich, um ein Ziel zu erreichen: mehr Ruhe, mehr Klarheit und Gelassenheit. Reiki hat viel von diesem Meditationsstreß aufgelöst und eine spielerische Note hineingebracht. Es kommt vor, daß ich einfach meditiere, weil es mir Freude macht oder weil mir gerade danach ist! Natürlich übe ich nicht immer absichtslos, aber ich renne nicht mehr verbissen der Erleuchtung hinterher.

Inzwischen erlaube ich mir immer öfter, etwas Neues auszuprobieren. Von manchen Zen-Meistern erhält man ein Koan als Meditationsthema. Ein Koan ist eine sinnlose Frage, die man mit dem logischen Verstand nicht beantworten kann, zum Beispiel: "Was ist der Klang einer klatschenden Hand?" Der Verstand scheitert daran und muß ins Unbekannte springen. Irgendwann fiel mir auf, daß auch die Reiki-Symbole eine Art Koan sind und ich sie auf diese Weise benützen kann. Sie enthalten ein Wissen, das die Grenzen des Verstandes übersteigt. Ich nahm sie in die Meditation hinein. Seitdem habe ich eine ganz andere Beziehung dazu. Ich lasse sie durch meinen Körper wandern oder in einem Energiezentrum kreisen. Oder ich bleibe während der ganzen Meditation mit einem Symbol in Verbindung und schaue zu, wie es sich verändert. Manchmal teilt es mir etwas mit oder stellt eine Verbindung zu anderen Energiequellen her. Ich spüre die unterschiedliche Kraft und Schwingung der Symbole, wenn ich sie zeichne und mich dann hineinstelle oder -setze.

Die Grenzen zwischen Reiki, Meditation, Heilungs- und Energiearbeit sind fließend geworden. Für mich bestehen kaum noch Unterschiede. Es geht immer darum, Barrieren aufzulösen und das wahre Selbst zu entdecken. Die Methoden sind verschieden, aber das Ziel ist das gleiche. Für mich hat das Reiki-System auch ein wenig Ähnlichkeit mit der Sufi-Tradition. Ein Teil ist ganz offensichtlich und für jeden erkennbar. Das sind die Rituale, Traditionen, Gebete und Tänze. Aber das Wesentliche bleibt verborgen, es liegt jenseits aller Formen. Dahinter gibt es eine Ebene, wo alle Systeme zusammenfließen; verschiedene Möglichkeiten, die aber alle im Ganzen enthalten sind. Alle Techniken sind nur Werkzeuge auf dem Weg zum Wissen und nicht Selbstzweck.

Selbsterfahrung und Gruppenarbeit

Für die zweijährige Transformationsgruppe, an der ich teilnahm, war der 1. und 2. Reiki-Grad Vorbedingung. Wir benutzten Rebirthing, Gestaltarbeit, Massage, Entspannung und Meditation, um einen Freiraum zu schaffen, in dem Wandlung möglich ist. Am Anfang sah ich überhaupt nicht ein, was Reiki damit zu tun hatte. Für mich war es nur eine Methode unter vielen. Nach und nach entdeckte ich, worum es wirklich ging: um Ganzheit. Ich lernte Teile in mir kennen, die ich ausgesperrt hatte, weil sie mir Angst einjagten. Wenn ich an eine Grenze kam, vermittelte mir Reiki eine einfache Botschaft: "Mach weiter, auch das gehört zu Dir." Ich begann, Türen zu öffnen, die ich vorher fest verschlossen gehalten hatte: meine Vergangenheit, meine Angst, meine Zweifel, mein Sicherheitsdenken. Und ich schloß die Türen, durch die ich bisher dem Leben entwischt war: Ablenkungen, Ausweichen, Festhalten an vertrauten Mustern. Es ging darum, der Wahrheit ins Gesicht zu sehen. Ob sie mir nun angenehm war oder nicht.

In dieser Zeit machte ich Erfahrungen mit Reiki, die über die zielgerichtete Anwendung hinausgingen. Ich erkannte, daß diese Kraft immer da ist und mich unterstützt, unabhängig von den Vorstellungen, die ich darüber habe. Daß ich mit ihr ins Unbekannte springen kann und trotzdem aufgehoben bin im Sein. Ich bin sicher, daß der Wandlungsprozeß bei allen in der Gruppe sehr verstärkt wurde. In diesen zwei Jahren wurde mir auch klar, daß Reiki eine Therapie oder die Arbeit an sich selbst nicht ersetzen, aber sehr vertiefen kann. Dies wiederum hat mein Verständnis für Reiki erweitert. Es sind keine getrennten Dinge, sie können sich gegenseitig befruchten.

Körperarbeit

Ich habe mich immer für die Zusammenhänge zwischen Geist und Körper interessiert. Inwieweit beeinflußt das Bewußtsein den Körper und umgekehrt? Wo verlaufen die Grenzen? Ursprünglich war ich mehr am 2. Reiki-Grad interessiert, der ja mehr auf die mental-emotionale Ebene ausgerichtet ist. Ich hatte vorher schon damit gearbeitet, anderen Menschen Licht zu schicken, und wollte herausfinden, ob Reiki einen Unterschied in der Kraft und Qualität bewirkt. Daß ich den ersten Grad in Kauf nehmen mußte, fand ich eher lästig. Erst nach einem halben Jahr entdeckte ich die Schönheiten des ersten Grades. Es war so angenehm, einfach nur die Hände aufzulegen und den Gefühlen in meinem Körper zu folgen, und erforderte weder geistige noch körperliche Verrenkungen. Ich stellte fest, daß ich Reiki sehr gut mit Körperübungen verbinden konnte und sich das wunderbar ergänzte. Die Energie floß anders als vorher. Die Arbeit mit Reiki hat mich sensibler für die verschiedenen Schwingungen in meinem Körper gemacht. Ich spüre die "Nahtstellen" zwischen Gedanken und Körperempfindungen schneller und deutlicher. Nicht nur bei mir selbst, sondern auch bei anderen Menschen. Früher habe ich mir hauptsächlich den "Kopf zerbrochen", was in jemand vor sich geht und wo das spezielle Problem liegt. Seit ich Reiki praktiziere, verlasse ich mich mehr auf meine Empfindungen und meine Intuition. Ich mache hauptsächlich Tai Chi, Kum Nye, Sufitanz und ab und zu die "Fünf Tibeter". Bei diesen Körperübungen habe ich das Gefühl, daß sie sich besonders gut mit Reiki ergänzen. Kum Nye sind Entspannungsübungen, die von dem tibetischen Lama Tarthang Tulku entwickelt wurden. Kum bedeutet Körper, Existenz, Verkörperung. Nye steht für Massage oder Wechselwirkung. Wie im Tai Chi werden diese Körperübungen sehr langsam ausgeführt, wie in Zeitlupe. Es sind ganz einfache Bewegungen, keine besonderen Figuren wie zum Beispiel im Yoga oder bei den "Tibetern". Sie dienen vor allem dazu, die Sinne zu öffnen, den Fluß der Gefühle und Empfindungen anzuregen und mit der heilenden Energie in uns selbst vertraut zu werden. Da sich die Übungen nicht nur auf den Körper erstrecken, sondern auch Gefühle und den Geist mit einbeziehen, haben sie eine ähnlich ausgleichende Wirkung wie Reiki. Ich hatte schon vor einigen Jahren mit ihnen begonnen und fand sie zuerst etwas langweilig, weil sie so einfach waren. Erst als ich länger mit der Reiki-Energie gearbeitet hatte, lernte ich sie richtig schätzen.

Arbeit mit Träumen und Visualisieren

Reiki hat meine Fähigkeit, mich an Träume zu erinnern, sehr angeregt. Nach der Einstimmung in den ersten und zweiten Grad träumte ich viel mehr als sonst. Manchmal hatte ich am Morgen das Gefühl, aus einem anderen Land zurückzukommen. Da auch während der Behandlungen traumähnliche Zustände auftraten, wollte ich mich mehr damit befassen. Ich gab mit dem zweiten Grad Energie auf meine Träume und ihre Botschaften. Zu meiner

Verblüffung funktionierte das fast sofort. Ich legte Schreibzeug und einen Zettel neben mein Bett und notierte die Träume, wenn ich aufwachte. Ich war jedoch weniger daran interessiert, sie zu analysieren, sondern den Energiefluß in meinem Unterbewußtsein kennenzulernen und ihn mehr in mein Tagesbewußtsein zu integrieren. Wenn ich einen Traum nicht verstanden hatte, nahm ich ihn in eine Behandlung mit hinein. Manchmal setzte er sich fort, oder ich sah Bilder, die damit zu tun hatten. Vor dem Schlafengehen gab ich mir meistens Reiki. Der Energiefluß führte mich zu Träumen, die für mich zu diesem Zeitpunkt wichtig waren. Ich konnte allmählich akzeptieren, daß meine Träume eine ebenso gültige Wirklichkeit darstellten wie meine Tagesrealität. Reiki half mir, mich von starren Traumdeutungskonzepten, wie sie zum Teil in der Psychoanalyse üblich sind, zu lösen. Ich konnte kreativer damit umgehen.

Ähnlich erging es mir mit dem Visualisieren. Ich hatte es schon länger praktiziert und gute Erfahrungen damit gemacht. Da ich sehr visuell veranlagt bin, kam mir diese Methode, die Vorstellungskraft zu nutzen, sehr entgegen. Nun ist es weder beim ersten noch beim zweiten Grad notwendig, sich etwas vorzustellen. Reiki fließt in jedem Fall dorthin, wo es gebraucht wird. Ich kann darauf vertrauen und muß nicht daran denken. Auf diese Weise konnte ich auch Energie geben, wenn ich nicht in einem meditativen oder entspannten Zustand war. Ein Teil meines Bewußtseins blieb mit Reiki in Verbindung, unabhängig von meinen eigenen Gedanken oder Problemen. Nach längerer Praxis ergab es sich immer öfter, daß Bilder in meinem Bewußtsein auftauchten. Wenn ich jemand Reiki gab, konnte ich oft sehen, in welchem Energiezustand er gerade war. Manchmal sah ich Farben oder eine Szene aus dem Leben dieser Person. Am Anfang tat ich das als Phantasien ab. Reiki stärkte meine Bereitschaft, den inneren Bildern zu vertrauen, auch wenn sie ungewöhnlich waren und nicht mit den "Regeln" des Auralesens übereinstimmten.

Reinkarnation

Frühere Leben waren für mich lange Zeit kein Thema. Ich hatte darüber gelesen, dachte aber nicht, daß ich mich selbst an ein vergangenes Leben erinnern könnte. Es interessierte mich auch nicht besonders. Mein gegenwärtiges Leben erschien mir wichtiger, ich hatte genug damit zu tun. Reiki führte mich sanft und wie zufällig zu diesem Thema. Kurz nach der Einstimmung zum zweiten Grad flatterte mir ein Prospekt für ein Past-Life-Seminar ins Haus. Normalerweise hätte ich ihn vielleicht gar nicht beachtet, außerdem fand ich es zu teuer. Aber etwas zog mich hin, was stärker als meine Bedenken war. Es wurde ein unglaublich intensives Seminar. Die Grenze zwischen "Jetzt" und "Früher" war hauchdünn. Ich brauchte nur den Schleier wegzuziehen, der mir bis jetzt den Blick in diese vergangenen Leben verwehrt hatte. Auf jede Sitzung gab ich Reiki, und die Energie trug mich mühelos in andere Zeiträume, ich brauchte ihr nur zu vertrauen. Zwei Szenen sind mir in besonderer Erinnerung geblieben. Einmal sah ich, wie ich als Mönch in Tibet eingeweiht wurde. Mein Körper wurde geöffnet, mit Wasser gereinigt und durch ein besonderes Ritual in eine höhere Schwingung gebracht. Nun konnte ich die Zusammenhänge erkennen, die mich dazu geführt hatten, Reiki-Lehrer zu werden. Außerdem wurde mir klar, warum ich mein jetziges Leben gewählt und welche Aufgabe ich darin zu erfüllen habe. Während ich dies sah, begannen sich die Zeitgrenzen zu verwischen. Mein Körper saß im Seminarraum und schwebte gleichzeitig durch Räume, die jenseits davon existierten. Ein Teil meines Bewußtseins versuchte, sich an der "Realität" festzuhalten. Aber in diesen Augenblicken spürte ich sehr deutlich, daß es keine festgefügte Wirklichkeit gibt. Der Boden, die Wände und die Menschen um mich waren von einer Lichthülle umgeben. Alles bewegte sich in einem vibrierenden Tanz von Kraft und Energie. Ich *wußte*, daß der Urgrund von allem Liebe ist, und daß nur dadurch Leben existiert und möglich ist.

Reiki hat mich bei den Rückführungen sehr unterstützt, und meine Erlebnisse haben mir wiederum Reiki nähergebracht. Es war ein weiterer Schritt, das Leben ganzheitlicher zu sehen. Ich bin nicht mehr so interessiert an Reinkarnation, um herauszufinden, wer ich früher einmal gewesen bin. Mich interessiert vielmehr der rote Faden, der sich durch alle Leben hindurchzieht und mich jetzt noch behindert. Wenn ich mir Reiki gebe, tauchen manchmal spontan Bilder aus früheren Leben auf. Inzwischen kann ich mich selbst zurückführen und herausfinden, woran ich noch arbeiten muß.

Atemtechniken

Ich möchte hier nur auf eine Technik eingehen, die ich seit einem Jahr praktiziere: den Quantum Licht Atem (abgekürzt QLB = Quantum Light Breath). Der QLB wurde von Jeru Kabbal entwikkelt. Er ist eine Kombination mehrerer alter Techniken, die dem schnellen Tempo der heutigen Zeit angeglichen wurden. Die Prinzipien der Vipassana-Meditation werden mit dynamisch-rhythmischem Atmen und chakrenreinigender Musik verbunden, um eine kraftvollen Bewußtseinserweiterungsprozeß in Gang zu setzen. Der QLB durchbricht stark verdrängte Strukturen und erweitert gleichzeitig die Grenzen der Energie. Ich kenne keine Methode, die so direkt und effektiv mit dem Unterbewußtsein arbeitet. Durch das Atmen wird Energie aufgebaut, die alte Gedankenmuster, Erinnerungen, Gefühle und Körperempfindungen an die Oberfläche bringt. Der entscheidende Punkt ist, sie zu erlauben und die Aufmerksamkeit immer auf das JETZT des Atmens zu richten. Dadurch kehre ich wieder in die Gegenwart zurück. Ich habe Atemsitzungen erlebt, bei denen ich an sehr tiefsitzende Erinnerungen und Blockaden kam. Mein Körper wurde geschüttelt wie in Krämpfen. Es war sehr schwer, dies wirklich zuzulassen und nicht in die alten Erinnerungen hineinzugehen. Wenn ich es erlauben und mein Bewußtsein auf die Unmittelbarkeit des Ein- und Ausatmens richten konnte, ging es weg. Manchmal kam ich völlig unerwartet in einen Zustand von Ekstase und spürte unbegrenzte Dimensionen von Licht und Kraft. In diesen Momenten fühlte ich mich mit der Quelle verbunden und verstand, was Reiki wirklich ist. Für mich ist der QLB eine ideale Ergänzung zu Reiki. Beim Atmen baue ich eine Energie auf, vertraue ihr und lasse sie das machen, was notwendig ist. Mit Reiki ist es ähnlich. Ich überlasse es der Energie, was sie tut und wo sie wirkt. Es ist ein Tun im Nicht-Tun.

Alle Methoden sind Werkzeuge, zu uns selbst zu finden. Zu jedem Zeitpunkt des Lebens kann etwas anderes wichtig sein. Wir brauchen uns nur führen zu lassen. Mehr und mehr komme ich auf die einfachen Dinge zurück. Einige der Methoden, die ich beschrieben habe, praktiziere ich inzwischen kaum noch. Zur Zeit stehen Reiki, QLB und einfache Körperübungen im Vordergrund. Aber ich bin sicher, daß Reiki mich genau zu den Hilfsmitteln führt, die mein Wachstum unterstützen. Was wird die nächste Tür sein?

Kapitel 11:

Wissen und Handeln
Reiki und Verantwortung

In meinen Seminaren sage ich oft: "Mit Reiki wird man erwachsen, weil man die Verantwortung für sich übernimmt." Durch die Verstärkung des Energiepotentials und der Selbstheilungskräfte erhalten wir ein Geschenk, mit dem wir verantwortungsbewußt umgehen sollten. Es ist ein Lernprozeß, in unser Inneres zu gehen, auf die Botschaften unseres Körpers zu hören und unsere Einstellung zum Leben zu überprüfen.

Selbstverantwortung ist kein angenehmes Thema. Es ist viel einfacher, die Verantwortung anderen Menschen zu überlassen. Wir fühlen uns häufig nicht kompetent genug und zweifeln an unseren Fähigkeiten, selbst etwas zu unternehmen. Andere sollen den Karren aus dem Dreck ziehen oder eine Lösung finden. Unser Gesellschaftssystem ist ein deutlicher Spiegel dafür, wie wir Verantwortung abgeben: an den Staat, an die Versicherungen, an die Ärzte, an die Justiz, an Institutionen. Doch die können uns nicht helfen, wenn wir selbst nicht dazu bereit sind. Ich habe ziemlich lange gebraucht, um den Zusammenhang zwischen innerer Bereitschaft und äußerer Wirkung zu verstehen. Vor ein paar Jahren arbeitete ich in einer Firma, in der ich mich nicht wohl fühlte. Ich saß nur meine Zeit ab und wartete darauf, es hinter mich zu bringen. Die Arbeit lag mir nicht und machte mir überhaupt keine Freude. Ich litt unter schweren Kreislaufstörungen. Manchmal war mir so schwindlig, daß ich kaum gehen konnte. Nachts lag ich stundenlang wach, bei geöffnetem Fenster und mit hochgelegten Füßen, um wenigstens etwas Erleichterung zu spüren. Ich ging zum Hausarzt und zum Internisten, ließ mir Kreislaufmittel verschreiben, doch nichts half. Alle Ärzte sagten mir, solche Zustände wären bei niedrigem Blutdruck ganz normal. Eines Abends beschloß ich, selbst etwas zu unternehmen. Obwohl ich mich sehr schwach fühlte und Angst hatte, zusammenzubrechen, zog ich Jogginganzug und Turnschuhe an und rannte über die Wiese hinter meinem Haus. Meine Beine zitterten, ich stolperte mehr als ich lief, mein Kopf dröhnte, aber ich machte weiter. Als ich wieder nach Hause kam, war ich zwar körperlich vollkommen erschöpft, fühlte mich aber innerlich besser. Jeden Tag lief ich ein bißchen länger. Ich hatte das Gefühl, um mein Leben zu rennen, und so war es auch. Ich lief, um wieder lebendig zu werden. Nach vier Wochen waren die Beschwerden verschwunden. Einen Monat später verließ ich die Firma.

Wenn man sich entschließt, Reiki zu machen, unternimmt man einen großen Schritt in Richtung Eigenverantwortung. Die Einstimmung in dieses universelle Wissen gibt uns mehr Kraft und Energie, doch verantwortlich handeln müssen wir selbst. Ich empfehle meistens, längere Zeit an sich selbst zu arbeiten, bevor man es anderen gibt. Eigene Erfahrungen im Umgang mit Reiki sind sehr nützlich, um die Reaktionen anderer Menschen zu verstehen.

"Ursprünglich hatte ich Reiki nur deshalb gemacht, um meinem Vater zu helfen, der an Rheuma leidet. An mich selber hatte ich gar nicht gedacht. Mein Vater wollte jedoch kein Reiki. Ich nahm dies als Hinweis, mich mehr um mich selbst zu kümmern. Ich praktizierte es regelmäßig und machte sehr unterschiedliche Erfahrungen. Manchmal wirkte es sofort, zum Beispiel bei Kopfschmerzen. Ich hatte früher immer Tabletten genommen, um sie loszuwerden. Die brauchte ich jetzt nicht mehr. Wenn sich eine Erkältung ankündigt, gebe ich mir immer eine Ganzbehandlung. Meistens ist nach ein bis zwei Tagen alles vorbei. Aber es ist auch schon vorgekommen, daß ich starkes Fieber bekam und die Symptome sich verschlimmerten. Am Anfang dachte ich dann, daß ich Reiki falsch anwende oder daß es nicht wirkt. Inzwischen kann ich anders damit umgehen. Ich bekämpfe Krankheiten nicht mehr so und habe mehr Vertrauen: Mein Körper weiß, was er tut. Meinem Vater dränge ich Reiki nicht mehr auf. Ich weiß jetzt, wie wichtig es ist, daß man es selbst will und nicht nur macht, weil die anderen es gut finden."

*

"Mit Reiki weiß ich, daß ich selber etwas für meine Gesundheit tun kann. Es stabilisiert mich vor allem psychisch, so daß ich mehr Kraft habe, mich mit meiner Krankheit auseinanderzusetzen. Ich kombiniere es oft mit Bachblüten, die ja eine ähnliche Wirkung haben."

*

Wenn Krankheit nicht mehr als lästiges Übel betrachtet wird, das möglichst schnell beseitigt werden muß, wächst die Bereitschaft, Verantwortung zu übernehmen und sich für die eigenen Heilkräfte zu öffnen. Übrigens geben auch die meisten Ärzte zu, daß sie überhaupt nichts tun können, wenn der Patient nicht wirklich gesund werden will. Beide Seiten sind gleichermaßen am Genesungsprozeß beteiligt.

Bei meiner Arbeit mit Reiki habe ich festgestellt, daß ich mir meine Verantwortung immer wieder neu bewußt machen muß, ohne mich zu verurteilen. Wenn ich mich für eine Krankheit schuldig fühle, bleibe ich stecken und verirre mich in Gedanken, was ich falsch gemacht habe. Verantwortung bedeutet für mich, die Krankheit oder das Problem anzunehmen und ihre Botschaft zu verstehen. Was kann ich daraus lernen? Welcher Teil von mir ist nicht in Übereinstimmung mit der Ganzheit? Das hört sich einfach an, ist in der Praxis aber schwierig. Meist lehnen wir die Verantwortung ab, wenn schwierigere Sachen hochkommen: "Das habe ich nicht gewollt." Es kann aber nichts kommen, was wir nicht wirklich wollen. Tief in unserem Innersten geben wir unsere Zustimmung zu allem, was unser Wachstum fördert.

Wenn wir anderen Energie geben, kommt noch ein wichtiger Aspekt hinzu, der in den Seminaren auch häufig angesprochen wird: Kann man mit Reiki manipulieren? Jeder, der Reiki praktiziert, muß sich mit dem Thema Macht und Machtmißbrauch irgendwann auseinandersetzen. Mit Reiki bekommen wir ein kraftvolles Mittel in die Hand, uns selbst und andere zu heilen. Es ist sehr wichtig, sorgsam damit umzugehen. Wir haben alle die Tendenz in uns, die Welt nach unseren Vorstellungen kontrollieren und steuern zu wollen. Reiki richtet sich jedoch nicht nach unseren Vorstellungen. Es fließt dahin, wo es gebraucht wird, und löst die Blockaden, wenn wir bereit sind, loszulassen.

"Am Anfang gab ich Reiki auf alles und jeden. Ich war so begeistert von der Kraft, daß ich sie unbedingt jedem geben wollte. Ich fühlte mich als Heiler und war stolz, wenn Leute mich um Hilfe baten. Wenn jemand eine Erkältung hatte oder vor einer Prüfung stand, rief er mich an, ich sollte ihm Reiki geben. Ich sagte immer ja, auch wenn ich keine Lust dazu hatte. Dann beschwerten sich einige bei mir, daß es nicht gewirkt hätte. Ich wurde unsicher und wußte nicht mehr, ob das richtig war, was ich tat. Mir fiel auch ein, daß ich es einige Male Menschen gegeben hatte, ohne sie zu fragen. Ich hatte einfach gedacht, der ist krank,

der kann es sicher brauchen. Eine Zeitlang hörte ich ganz damit auf. Ich wollte erst herausfinden, was mit mir los war. Ich gab auch mit dem zweiten Grad Energie auf die Klärung dieser Frage. Jetzt traue ich mich öfter, nein zu sagen. Und ich schaue jetzt genauer, ob und wem ich es geben möchte, und ob der andere damit einverstanden ist."

Wenn ich mich einer Operation unterziehe, gebe ich dem Arzt eine schriftliche Erlaubnis dazu. Ich unterschreibe mein Einverständnis, auch wenn ich nicht weiß, wie das Ergebnis aussehen wird. Damit übernehmen beide Seiten die Verantwortung für das, was sie tun. Warum sollte man mit Reiki nicht auch so verfahren? Der Empfänger gibt sein Einverständnis, ohne ein bestimmtes Ergebnis zu erwarten. Der Geber stellt sich als Kanal zur Verfügung und läßt die Energie fließen, wohin sie will.

Am Anfang habe ich mir über diese Dinge nicht viele Gedanken gemacht. Ich dachte, Reiki kann niemanden schaden, und das stimmt ja auch. Die Lebensenergie kann kein Unheil anrichten, sie ist neutral und existiert jenseits aller Werturteile von falsch und richtig, gut und schlecht. Wie die Sonne strahlt sie ihre Kraft und Wärme auf jeden ohne Unterschied. Aber inzwischen ist es für mich wichtig geworden, zu hinterfragen, wann, warum und wem ich Reiki gebe, und meine Motivation zu überprüfen. Der Sufi-Meister Reshad Feild empfiehlt dafür drei Fragen, die ich sehr hilfreich finde: Darf ich, soll ich, kann ich? Wenn ich mir diese Fragen stelle, kommt mehr Ehrlichkeit in meine Beziehung zu Reiki und seiner Kraft. Ich entdecke leichter unbewußte Widerstände, Ängste oder Vorurteile. Beim zweiten Grad ist es nicht immer möglich, die Erlaubnis auf der physischen Ebene zu holen. Dann stelle ich eine Verbindung auf der geistigen Ebene her und frage die Person, ob sie Reiki haben möchte. Wenn ich meiner Intuition folge, funktioniert das immer. Mein höheres Selbst weiß genau, ob es in Ordnung ist oder nicht. Wenn ich gegen dieses innere Wissen handle, ist das Manipulation. Es ist wichtig, den

freien Willen eines anderen Menschen zu achten, auch wenn ich aus meiner Sicht seine Handlungen vielleicht nicht verstehe.
Nach meiner Erfahrung aktiviert Reiki genau das, was in unserem Entwicklungsprozeß gerade "dran" ist. Sehr häufig ist uns das Thema nicht voll bewußt, sonst müßten wir ja nicht dran arbeiten. Eine Bekannte von mir gab eine Zeitlang Reiki auf alle ihre Feinde, mit der Absicht, ihnen soviel Energie zu schicken, bis sie sich endlich richtig verhielten. Sie war der Meinung, daß sie auf dem falschen Weg waren und wollte sie mit Reiki "bessern". Einige riefen sie an und sagten ihr sehr deutlich, daß sie keine weiteren Energieschübe wünschten. Anderen ging es schlechter als vorher. Sie bekam Angst und rief mich an, ob sie mit Reiki etwas falsch machen könnte. Ich erklärte ihr, daß Reiki nicht dazu da sei, andere Menschen nach den eigenen Vorstellungen umzuprogrammieren. Durch diese negativen Erfahrungen lernte sie einiges über den Umgang mit der Energie. Im Grunde kann man nichts falsch machen, aber sehr viel über die eigenen Beweggründe erfahren.
In diesem Zusammenhang wird auch oft die Frage gestellt, ob man sich vor negativen Einflüssen schützen kann und soll. Mit Reiki ist man durch die Einstimmungen automatisch geschützt. Auch wenn man Reiki gibt, sind beide an die "kosmische" Tankstelle angeschlossen. Es ist also nicht notwendig, sich zu schützen, da die persönliche Energie nicht einfließt. Jeder geht bei einer Reiki-Sitzung durch seinen eigenen Prozeß. Es ist aber durchaus möglich, daß man sich auf der psychischen Ebene bedroht fühlt. Das kann ein sehr altes Muster sein, vielleicht eine Erinnerung aus der Kindheit oder aus einem früheren Leben. Mit dem 1. Grad und längerer Praxis wird allmählich ein Energiefeld aufgebaut, das Kraft gibt, diese Ängste abzubauen. Mit dem 2. Grad kann man dann weitergehen. Was ist die Ursache? Was verbirgt sich dahinter? Warum reagiere ich auf bestimmte Menschen so? Warum übernehme ich die Probleme von anderen? Wenn das Energiefeld schon ein bißchen gefestigt ist, kann man

leichter damit arbeiten. Dann brauchen wir uns nicht mehr zu schützen und können die Energie ungehindert durch uns fließen lassen.

Wenn wir uns entschließen, anderen zu helfen, müssen wir genau hinschauen, warum wir es tun. Warum will ich überhaupt jemanden von etwas überzeugen? Am Ende gar mich selbst? Die Welt missionieren zu wollen, führt nur in Glaubenskriege darüber, wer Recht hat. Sie wird mit Abwehr, Unverständnis und Widerstand reagieren. Es ist wichtig, sensibel für diese Vorgänge zu werden und jedem Menschen seinen eigenen Entwicklungsweg zuzugestehen. Zu Anfang konnte ich das nur schwer akzeptieren. Ich hatte mit Reiki viele gute Erfahrungen gemacht und wollte dies natürlich auch anderen zukommen lassen. Aber ich verlor manchmal den Blick dafür, wo jemand anders gerade stand. Reiki ist nicht die einzige Methode, es gibt unzählige Wege, unsere innere Kraft zu entdecken. Ich habe viele Freunde, die nie Reiki gemacht haben. Wir verstehen uns gut, unterstützen uns gegenseitig auf unserem Weg und lernen sehr viel voneinander, auch wenn wir ganz unterschiedliche Mittel benutzen.

In dem Augenblick, wo du dein Leben bedingungslos aufgibst, um der Menschheit zu dienen, verflüchtigt sich das persönliche Machtstreben - und das Gesetz der Synchronizität tritt in unser Leben.

(Reshad Feild)

Ich träume, daß ich in einen Abgrund falle. Mein Körper rast durch schwarzes Nichts, immer tiefer.

Um mich ist nur eine große Leere, nichts zum Festhalten. Im Traum merke ich, daß ich träume. Ein Teil meines Bewußtseins versucht, mich aufzuwecken, doch ich falle immer weiter. Ich schwebe in einer Traumblase. Ihre Wände sind durchsichtig, ich kann andere Blasen sehen. Gedankenblasen des vergangenen Tages ziehen vorbei. Ich möchte sie festhalten, um eine Orientierung zu haben, doch sie entfernen sich immer weiter.

Ich rase weiter auf den Abgrund zu. Was am Ende ist, kann ich nicht erkennen. Ich lasse mich fallen, möchte nur noch ankommen, auch wenn das meinen Tod bedeutet.

Ich werde sanft von einem Netz aufgefangen. Als ich mich umschaue, sehe ich, daß das Netz aus den Reiki-Symbolen gewebt ist. Jedes einzelne Zeichen ist mit den anderen verbunden. Das Netz ist durchlässig, beweglich und dennoch absolut sicher. Es hat keinen Anfang und kein Ende. Ich schaukle darin wie in einer Wiege.

Ich spüre, daß ich geliebt werde und fühle mich geborgen und aufgehoben im Sein.

Kapitel 12:

Sich dem Fluß überlassen
Mit Reiki Freiheit und Vertrauen finden

Seit zwei Jahren liegt in meiner Reiki-Box ein Zettel mit nur einem Wort: Vertrauen. Ich glaube, daß auf jedem spirituellen Weg Vertrauen die Basis für wirkliche Weiterentwicklung ist. Ohne Vertrauen in den göttlichen Plan, in das Leben und in uns selbst bleiben wir im Labyrinth unseres gewöhnlichen Denkens stecken, das ausschließlich auf Sicherheit ausgerichtet ist. Das Vertrauen in die Energie und Wirksamkeit von Reiki wächst allmählich und mit zunehmender Praxis. Es kommt nicht von heute auf morgen und wird immer wieder geprüft. Daß alles seine Zeit braucht, wird auf dem spirituellen Weg oft unterschätzt. Wir leben in einer Zeit, wo alles möglichst schnell gehen soll, ob es sich nun um Fortschritt, Heilung oder Erleuchtung handelt. Aber es gibt keine Instant-Erleuchtung, die man sich irgendwo kaufen kann. Wenn wir zu schnell vorwärtshasten, rennen wir am Wesentlichen vorbei. Viele möchten die einzelnen Grade möglichst kurz hintereinander machen. Das kann im Einzelfall in Ordnung sein, aber man erwirbt damit keinen Freibrief für Heilung und Erleuchtung. Die eigentliche Arbeit beginnt erst danach. Ich habe den ersten und zweiten Grad in relativ kurzer Zeit gemacht und habe trotzdem das Gefühl, ich stehe noch ganz am Anfang. Immer wieder führt mich die Energie in Situationen, wo ich überprüfen muß, was ich wirklich weiß. Es ist erschreckend wenig. Das zu sehen und Reiki zu vertrauen, ist eine große Herausforderung.

Reiki wirkt oft so ungewöhnlich und leise, daß uns entgehen kann, was auf der inneren Ebene wirklich passiert. Wir können darauf vertrauen, daß wir zum richtigen Zeitpunkt genau das bekommen, was wir brauchen. Vielleicht ist es nicht unbedingt das, was wir uns wünschen, aber ein Teil in uns sucht genau diese Erfahrung, um etwas zu lernen. Die Energie setzt das frei, was vorher festgehalten wurde. Wenn wir ihr folgen und unseren urteilenden Verstand nicht dazwischenschalten, bleiben wir in Kontakt mit unserer wirklichen Bestimmung. Es ist nicht leicht, die Bestimmung zu erkennen. Manchmal scheint die Energie uns auf Wege zu führen, die dem vernünftigen Denken widersprechen.

Während meiner Ausbildung zum Reiki-Lehrer erhielt ich nochmals eine Einstimmung zum 2. Grad. Beim ersten Mal fühlte ich mich voller Energie und Tatkraft. Ich hätte Bäume ausreißen können. Nun stellte ich mich darauf ein, daß es dieses Mal noch stärker sein würde. Aber es kam ganz anders. Eine Woche lang wurde ich jeden Nachmittag um die gleiche Zeit sehr müde. Ich schlief zwei Stunden wie eine Tote, hatte danach keine Erinnerung, keine Träume. Es war, als wäre ich in dieser Zeit in eine andere Welt eingetaucht. Wenn ich aufwachte, fiel es mir schwer, mich wieder zurechtzufinden. Manchmal fühlte ich mich danach wie ein neugeborenes Baby. Ich wehrte mich zunächst gegen diese totenähnlichen Schlafzustände. Sie waren mir unheimlich, weil ich sie nicht einordnen konnte, und weil sie allem zu

widersprechen schienen, was ich bis jetzt mit Reiki erlebt hatte. Außerdem schläft man nicht den halben Tag in unserer leistungsorientierten Gesellschaft. Dann gab ich nach. Nach einer Woche hörte es auf. Ich fühlte mich leichter, heller und klarer als je zuvor. Wahrscheinlich habe ich in dieser Zeit, die ich verschlief und wo ich absolut nichts tat, sehr viel bearbeitet, ohne es zu wissen. Ich habe nicht die geringste Ahnung, was es war, denn ich konnte mich ja auch an keine Träume erinnern.
Aber ich bin sicher, daß etwas Wichtiges geschehen ist.
Alle spirituellen Lehrer betonen, wie wichtig Vertrauen ist, auch wenn wir den Sinn einer Situation oder eines Ereignisses nicht verstehen. Nur in diesem unbekannten Raum kann etwas Neues entstehen. Vertrauen bedeutet, sich der Energie und dem Leben hinzugeben und unsere Konzepte darüber, was richtig und falsch ist, aufzugeben. Dem Fluß zu folgen, was auch geschieht, ist schwer. Ich sträube mich oft dagegen und verfange mich in meinen Widerständen. So, wie es gerade ist, ist es mir meistens nicht recht. Wie oft sitze ich da, grüble über den Sinn des Lebens nach und bin völlig blind für alles, was um mich geschieht. Wirkliches Vertrauen zu entwickeln, ist ein Fulltime-Job. Ich muß mich immer wieder daran erinnern, wenn ich verwirrt bin und nicht weiß, warum es ich in einer Situation steckenbleibe.

Wenn wir uns Reiki geben, fangen wir mit Symptomen an und dringen dann auf immer tiefere Ebenen vor, wo wir größere Zusammenhänge sehen und verstehen, worum es wirklich geht.

"Ich litt unter Kopfschmerzen, Allergien und Taubheitsgefühl in den Beinen und gab mir Reiki darauf. Es kamen viele Erinnerungen hoch an Erlebnisse, wo ich verlassen worden war. Bei jeder neuen Beziehung hatte ich Angst, daß dieser Mensch wieder weggehen würde, und habe meinen Freund unter Druck gesetzt. Meine Einstellung beginnt sich langsam zu verändern. Ich kann jetzt öfter loslassen und gerate nicht mehr gleich in Panik, wenn

mein Freund mal nicht anruft oder am Wochenende nicht kommt. Die Depressionen sind zwar noch nicht ganz weg, aber ich fühle mich nicht mehr so ausgeliefert. Ich glaube, Vertrauen ist wie eine Pflanze, die ich regelmäßig pflegen muß, damit sie sich entwikkeln und wachsen kann."

Vertrauen ist die Basis für den Weg in die Freiheit. Wir können uns von der Angst, etwas falsch zu machen, befreien. Ich werde von Teilnehmern immer wieder gefragt, ob sie Reiki auch richtig anwenden. Bei Reiki gibt es nur wenige Regeln, die man beachten sollte. Selbst die Handpositionen sind nur Richtlinien, man muß ihnen nicht strikt folgen und kann immer der eigenen Intuition vertrauen. Jeder muß für sich selbst herausfinden, was für ihn stimmt und ihm hilft. Das gilt auch für den zweiten Grad. Vor kurzem hatte ich einen Erfahrungsaustausch mit Teilnehmern des zweiten Grades. Das ist für mich jedesmal sehr spannend, weil ich neue Aspekte und Möglichkeiten von Reiki kennenlerne.

"Manchmal gebe ich morgens den zweiten Grad auf den ganzen Tag, damit Licht in meine Handlungen kommt. Ich habe erstaunliche Erfahrungen damit gemacht. Bei allem, was geschieht, sehe ich eine tiefere Bedeutung. Ich bin wacher für die vielen kleinen Dinge, ein Blick, der Ton einer Stimme, eine Begegnung. Manchmal verlaufen Gespräche ganz anders, als ich geplant habe. Ich arbeite in einem künstlerischen Beruf und fühle mich an einem Reiki-Tag inspirierter. Meine Stimme klingt ganz anders als sonst. Sie ist voller und kommt ganz tief aus mir selbst."

*

"Ich habe den zweiten Grad vor fünf Jahren gemacht, am Anfang viel damit gearbeitet und dann ganz damit aufgehört. Seit kurzem wende ich ihn wieder regelmäßig an. Es ist wie eine Neuentdeckung. Ich verstehe jetzt vieles, was ich früher nicht verstanden habe. Ich wußte nicht mehr genau, wie man ihn anwendet, war aber sofort wieder in Kontakt damit. Es ist, als wäre ich lange

in einem anderen Land gewesen und wieder in die Heimat zurückgekehrt. Es ist alles noch am gleichen Platz, aber ich habe neue Perspektiven dazugewonnen."

*

"Ich gebe den zweiten Grad hauptsächlich auf Beziehungen. Das hat mein Leben sehr verändert. Ich sehe sehr deutlich, wenn ich andere Menschen manipuliere, kann auch mal nachgeben oder die Dinge so stehenlassen und muß nicht mehr unbedingt Recht haben. Es ist nicht immer angenehm, und ich muß viele Illusionen aufgeben. Aber ich vertraue darauf, daß ich viel dabei lerne."

Jeder einzelne hatte die Methoden des zweiten Grades etwas anders angewendet und dabei seine eigene Freiheit entdeckt. Freiheit bedeutet auch Loslassen von alten Mustern und Gedankenformen. Wir können mit Reiki zu dieser Freiheit finden, wenn wir das wirklich wollen. Mir hat an Reiki besonders gefallen, daß es so wenig festgelegt ist und sich jeder Einordnung in Schubladen entzieht. Ich kann es nicht besitzen wie einen Gegenstand und muß mich immer wieder neu damit auseinandersetzen, auch in den Seminaren. Obwohl die Grundstruktur mehr oder weniger die gleiche ist, verläuft jeder Kurs völlig anders. Wenn ich die Geschichte von Dr. Usui erzähle, entdecke ich jedesmal andere Aspekte der Lehre von der Lebenskraft. Während der Einstimmungen tauchen blitzartig Erkenntnisse auf, als wäre die lineare Zeit außer Kraft gesetzt worden. Während der dritten und vierten Einstimmung sehe ich bei den Reiki-Schülern oft Bilder, die mit diesem besonderen Moment zu tun haben. Das können Szenen aus früheren Leben sein oder Aspekte der Persönlichkeit, die bisher nicht gelebt wurden. Inzwischen kann ich diesen Bildern vertrauen und teile sie auch meistens im Seminar mit. Für manche Menschen ist es hilfreich, und sie können damit einen Schritt weitergehen.

In den letzten Jahren wurde mein Vertrauen in Reiki oft geprüft. Ich kam an Grenzen, wo ich überhaupt nichts mehr verstand und aufhören wollte. Mehr als einmal mußte ich einen völlig neuen Zugang dazu finden. Dann geschah meist etwas Unerwartetes, was mir geholfen hat, den nächsten Schritt zu wagen, auch wenn er unangenehm und schmerzhaft war. Der Zettel **Vertrauen** in meiner Reiki-Box ist immer noch aktuell.

Initiation bedeutet, einen Schritt in eine unbekannte Richtung zu tun.
(Reshad Feild)

Übung:
Vertrauen aufbauen

Dies ist eine einfache und gleichzeitig schwierige Übung. Du mußt Dich vielleicht dazu erst überwinden.

Bewege Dich mit geschlossenen Augen durch Deine Wohnung. Du kannst dazu eine Augenbinde verwenden. Das hilft am Anfang, weil man meist dazu neigt, die Augen zwischendurch doch aufzumachen. Bewege Dich langsam und sei mit Deinen Gefühlen in Kontakt. Wenn Angst und Unsicherheit auftauchen, bleib stehen und geh dann langsam weiter. Spüre mit Deinem Körper und all Deinen Sinnen die Wände, Gegenstände und Möbel. Es ist der Raum, in dem Du lebst. Er ist mit Deiner Energie angefüllt, und Du kannst dieser Energie vertrauen. Versuche, den Raum neu zu entdecken, ohne Deine Augen zu benutzen. Mach die Übung zu Anfang vielleicht fünfzehn bis zwanzig Minuten. Später kannst Du sie länger machen, wenn Du vertraut damit bist. Betrüge Dich nicht selber, indem Du blinzelst. Es gibt nichts, was Du kontrollieren und niemand, dem Du etwas beweisen mußt. Wenn Du möchtest, kannst Du dir später Notizen machen, was Du empfunden hast.

Du kannst die Übung auch im Freien mit einem Partner machen, der Dich führt. Danach könnt Ihr die Rollen tauschen. Am besten geht es auf einer Wiese oder im Wald. Ich habe sie auch schon in der Stadt gemacht, aber am Anfang ist eine hektische Umgebung weniger geeignet.

Kapitel 13:

Dankbarkeit und Hingabe
Mit Reiki den inneren Lehrer entdecken

Du kannst den inneren Führer überall finden. Nichts ist offenbarer und verborgener als Gott. (Reshad Feild)

Eine der Lebensregeln, die Dr. Usui aufgestellt hat, lautet: "Gerade heute will ich dankbar sein." Dankbarkeit allem gegenüber, was das Leben uns bringt, ist sicher eine der schwierigsten Aufgaben überhaupt. Wir haben verlernt, dankbar zu sein. Nicht nur auf der materiellen, sondern auch auf der spirituellen Ebene. Wir nehmen vieles als selbstverständlich, was in Wirklichkeit ein Geschenk ist: daß wir leben und atmen, daß die Sonne scheint, die Bäume und Pflanzen wachsen und daß uns jede Sekunde neues Leben geschenkt wird. Oft wird uns erst durch einen Verlust bewußt, wie wertvoll etwas ist. Als ich mit eingegipstem Bein im Krankenhaus lag, weinte ich oft, weil ich ganz normale Dinge nicht mehr tun konnte. Es war eine wichtige Lektion für mich. Wenn ich heute eine Treppe hinuntergehe, bleibe ich manchmal stehen und erinnere mich ganz bewußt daran, daß ich das wieder tun kann. In Irland wanderte ich fast jeden Tag am Meer entlang und empfand tiefe Dankbarkeit, daß meine Beine mich wieder über die Erde trugen. Ich fühlte mich manchmal wie ein Kind, das gerade laufen gelernt hat.

Die Lebensenergie ist unser bester Lehrer. Wenn wir uns ihr überlassen und hingeben, kann jede Erfahrung zu unserem Lehrer werden. Wir müssen nur offen dafür sein. Durch unser Erziehungssystem sind wir es allerdings nicht gewohnt, auf unsere eigene Erfahrung zu vertrauen. Wir brauchen Bestätigung von außen. Viele sind auf der Suche nach einem Guru, der sie weiterbringt. Es gibt genügend Leute, die sich dafür anbieten, daran ist kein Mangel. Doch es ist schwierig, wirklich gute Lehrer zu finden. Wir erkennen sie oft nicht, weil wir auf bestimmte Vorstellungen fixiert sind und Beweise ihrer übernatürlichen Fähigkeiten haben möchten. Doch ein guter Lehrer muß nicht in wallenden Gewändern herumlaufen und ständig Wunder vollbringen. Es kann ein ganz normaler Mensch sein. Entscheidend ist, daß er eine Erfahrung in uns auslöst, die uns dem wahren Selbst näherbringt. Ein inspirierter Lehrer vereinnahmt den Schüler nicht, er gibt ihm die Verantwortung für sich selbst zurück. Ich kenne viele, die von einem Guru zum andern wandern, ihr wahres Selbst aber mehr verlieren als verwirklichen. Niemand kann dies für uns tun, wir müssen uns selbst auf die Reise begeben. Alle Antworten liegen in uns.

Da man bei Reiki nicht an eine bestimmte Schule oder an einen Meister (außer bei den Einstimmungen) gebunden ist, kann es uns helfen, den inneren Lehrer zu entdecken. Natürlich gibt es auch bei Reiki, wie bei allen spirituellen Pfaden, Kompetenzstreitigkeiten und Machtspiele darüber, wer denn nun das "wahre" Reiki hat. Das ist die äußere Ebene, die Ebene der Formen.

Die Essenz der Einstimmungen bleibt davon unberührt. Jeder findet den für ihn richtigen Lehrer. Der entscheidende Punkt ist, was man nach der Einweihung daraus macht. Es ist ähnlich wie bei einer Taufe. Wenn sie von einem Priester vollzogen wird, ist sie gültig, unabhängig davon, ob er gerade Glaubenszweifel oder ein Verhältnis mit seiner Haushälterin hat. Man kann aus der Institution Kirche wieder austreten, aber die Taufe ist nicht rückgängig zu machen. Ob ich später ein guter oder schlechter Christ werde, hängt auch nicht vom Charakter des Priesters ab. Natürlich hat das Verhalten einen gewissen Einfluß, und ich möchte hier auch nicht Priester oder Reiki-Meister entschuldigen, die ihre Arbeit nicht gut machen, aber letzlich liegt die Verantwortung für unseren Weg immer bei uns selbst.

Den eigenen inneren Lehrer zu entdecken und ihm zu vertrauen, ist nicht leicht. Er ist oft vergraben unter all den Stimmen, die uns ein Leben lang erzählt haben, was richtig und gut für uns ist. In den meisten esoterischen Büchern steht, man solle nur seiner inneren Führung vertrauen, dann wird schon alles gut gehen. Aber so einfach ist die Sache leider nicht. Es gibt viele negative und hemmende Stimmen in uns, die von Angst und Unsicherheit geprägt sind. Wir müssen lernen, zu unterscheiden, was aus der Vergangenheit und aus der Konditionierung kommt, und was jenseits davon liegt. Reiki hat mir immer wieder geholfen, meinen eigenen inneren Meister zu entdecken, weil es mich aus dem Kopf herausbringt. Die Energie fließt ins Herz und in die Hände, und dort liegt die Wahrheit. Sie kommt nicht aus dem Verstand und aus den Erinnerungen. Die Stimme aus meinem Herzen fühlt und hört sich anders an als das Geschwätz in meinem Kopf. Wenn ich alle Überlegungen loslasse, bin ich in Verbindung mit meinem inneren Lehrer. Er kann verschiedene Verkörperungen annehmen. Es kann eine Stimme sein, die mir etwas Wichtiges sagt. Manchmal auch nur ein Wort oder ein Gefühl. Eine Zeitlang war ich in Verbindung mit Wesen, die einen Namen hatten, so eine Art

Schutzgeister. Es war mir nicht so wichtig, herauszufinden, ob dies eigenständige Wesen oder Teile von mir selbst waren. Ich konnte mit ihnen sprechen und viele Dinge besser verstehen. Wenn eine bestimmte Sache geklärt war, verschwanden sie wieder. Ich bin sicher, daß wir ständig von Wesen oder Energien umgeben sind, die uns unterstützen. Wenn wir offen dafür sind, können wir Verbindung mit ihnen aufnehmen. Es müssen keine Geistführer aus anderen Dimensionen sein. Wir können sie auch in der Natur finden. Nichts ist wirklich von uns getrennt, wir sind mit allem verbunden. Ein Baum, ein Blatt oder ein Tier kann uns eine wichtige Botschaft vermitteln. Das vermag im Grunde jede Erfahrung, wenn wir wirklich wach und aufmerksam sind. Dann manifestiert sich der innere Meister in jeder Form. Wenn wir mit der Lebensenergie wirklich in Kontakt sind, wird alles zum Lehrer: ein Buch, eine Begegnung, ein Traum, ein Guru, ein Brief oder ein Telefonanruf.

"Gestern nach dem Seminar hatte ich abends noch einen Termin. Es war schon ein bißchen spät, deswegen brauchte ich unbedingt ein Taxi. Ich stand vor dem Seminarraum, dachte an eines der Reiki-Symbole und hoffte, daß bald ein Wagen kommen würde. Im gleichen Moment fuhr ein Taxi vorbei. Der Fahrer fragte mich, ob ich es bestellt hätte. Obwohl die Zeit drängte, konnte ich nicht lügen und verneinte. Ich fuhr mit der U-Bahn nach Hause und rief bei den Bekannten an, mit denen ich verabredet war. Sie sagten mir, daß der Termin kurz vorher abgesagt worden war. Es fügte sich alles so, wie ich es mit meinem Verstand nicht hätte planen können."

*

"Neulich stand ich an der Ampel vor einer großen Kreuzung. Obwohl grün war, konnte ich nicht losfahren, weil mich eine innere Stimme zurückhielt. Die Autos hinter mir wurden schon ungeduldig und hupten. Da sah ich von links ein Auto in hohem Tempo vorbeirasen, das noch bei Rot durchgefahren war. Solche

Dinge sind mir in letzter Zeit öfter passiert. Nicht nur in gefährlichen Situationen, sondern auch im ganz normalen Alltag."

Auch die Geschichte des Reiki enthält viele Hinweise auf die Kraft der inneren Führung und welche Wunder geschehen können, wenn man sich ihr anvertraut. Dr. Usui verbrachte viele Jahre seines Lebens damit, die Antwort auf die Frage seiner Studenten herauszufinden. Mrs. Takata folgte ihrem inneren Lehrer, als sie nach Japan ging und dort Reiki begegnete. Jeder Mensch hat Verbindung zu seinem inneren Führer, auch wenn er ihn nicht sieht oder mit einem Namen benennen kann. Seminarteilnehmer berichten mir immer wieder, daß ihre Fähigkeit, dieses intuitive Wissen zu nutzen, mit Reiki sehr verstärkt wurde. Manche wurden über Reiki zu einem anderen Pfad geführt, der ihr Wissen vertiefte. Ein Freund von mir hat den ersten und zweiten Grad gemacht und folgt jetzt einem tibetisch-buddhistischen Weg. Er wendet Reiki kaum noch an, ist aber in seiner spirituellen Praxis ständig damit in Verbindung. Auch mich hat Reiki in besondere Situationen geführt, aus denen ich lernen konnte. In Begegnungen, Ereignissen oder Gesprächen war eine Wahrheit für mich enthalten, die ich meist erst viel später verstand. Es ist erstaunlich, was aus Dingen, denen ich zunächst keine Beachtung schenkte, danach entstanden ist. Manchmal war es nur ein Satz oder ein Wort, das eine ganze Kette von Ereignissen auslöste.

Während ich dieses Buch schrieb, geschahen immer wieder Unterbrechungen. Zunächst empfand ich sie als störend oder ablenkend. In Wirklichkeit waren es jedoch keine Unterbrechungen, sondern Ereignisse, die sich nahtlos in den Fluß einfügten. Sie halfen mir, die Themen, die ich ansprach, klarer zu sehen. Fast immer erlebte ich etwas, was mit einem Kapitel, das ich gerade schrieb, in Zusammenhang stand. Manchmal wurde eine Frage beantwortet, die für mich noch offen war. Einmal rief eine Freundin an und schilderte mit den gleichen Worten ein Erlebnis, das ich gerade niedergeschrieben hatte. Häufig hatte ich das Gefühl, daß alle meine Lehrer unsichtbar neben mir standen und mir Kraft und Inspiration gaben. Es gab Tage, an denen ich alles als Hinweise auf eine größere Wirklichkeit sehen und akzeptieren konnte, das Klingeln das Telefons ebenso wie meine Katze oder ein Gewitter - durch alles schimmerte die Kraft, aus der wir alle leben.

Wir können uns dem Leben nur hingeben, in all seinen Erscheinungen. Wenn wir uns nicht sträuben und uns dem Fluß überlassen, ist das alltägliche Leben reine Magie.

Kapitel 14:

Tanz auf dem Seil - der Weg ins Licht

Die Erfahrungen, Erkenntnisse, Einsichten, die ich in diesem Buch geschildert habe, sind nur ein kleiner Ausschnitt aus dem unendlichen Spektrum, was Reiki im Leben eines Menschen bedeuten kann. Reiki ist so allumfassend, daß buchstäblich jede Erfahrung möglich ist. Andere Menschen haben vielleicht ganz andere Erfahrungen gemacht. Reiki ist ein Prozeß, der viele Ebenen umfaßt. Körperliche Heilung ist nur eine davon. Wenn ein bestimmter Lernprozeß abgeschlossen wurde, brauchen wir eine Krankheit nicht mehr. Der Körper sendet Signale, weil Teile von uns in Disharmonie sind. Werden sie integriert und geliebt, kann die Krankheit verschwinden. Für mich ist Reiki hauptsächlich eine Gelegenheit, sich der Ganzheit des Lebens bewußt zu werden. Da so wenig zu fassen und zu begreifen ist, was es wirklich ist, werden lineare Denkmuster in Frage gestellt. Die

Lebensenergie entzieht sich dem logischen Ursache-Wirkung-Denken. Wir können uns ihr nur mit dem Herzen nähern.

Ganzheitliches Denken und Handeln ist für uns noch ungewohnt, wir leben in Gegensätzen. Es erfordert, über alte Begrenzungen und Überzeugungen hinauszugehen und zu erkennen, daß alles Wissen aus der gleichen Quelle kommt. Auch bei Reiki besteht die Gefahr, daß es zum Dogma oder zum Rezept wird, wenn es nicht in einem größeren Zusammenhang gesehen wird. Es ist ein sehr altes Wissen, das nicht zufällig in unserer Zeit wieder entdeckt wurde. In den letzten Jahren wurde viele Kenntnisse, die früher geheim waren, der Öffentlichkeit zugänglich gemacht. In jeder Buchhandlung kann man Bücher über esoterisches Wissen kaufen und sich informieren. Doch wird dieses Wissen nichts bewirken, wenn wir es wieder in die alten Kategorien einordnen. Wir müssen es umsetzen und leben. Auch Reiki stellt uns vor die Aufgabe, seinen tieferen Sinn und die Botschaft, die es uns vermitteln will, zu verstehen. Dabei müssen wir über die Begrenzungen des Verstandes hinausgehen und uns in unbekannte Bereiche wagen. Wenn wir beginnen, es zu verstehen, kann es einen Wandel in unserem Bewußtsein bewirken. In meinen Reiki-Seminaren betone ich vor allem die Ganzheitlichkeit und Eigenverantwortung. Jeder muß seine eigenen Erfahrungen machen und herausfinden, in welchen Bereichen er noch arbeiten muß auf dem Weg in die Ganzheit. Ich weiß immer noch nicht genau, *wie* Reiki wirkt, ich sehe nur, *daß* es wirkt. Nach meinem Gefühl schafft es ein Energiefeld, das im Bewußtsein etwas verändert. Die Auswirkungen zeigen sich eher indirekt. Sich mit der Lebensenergie bewußt zu verbinden, stärkt die Bereitschaft, sich mit abgelehnten und unbewußten Teilen des Selbst auszusöhnen und sie zu integrieren. Wir können uns dem Leben vertrauensvoller hingeben und seinen unbegrenzten Möglichkeiten öffnen.

Persönliche Erfahrungen mit Reiki gelten natürlich nach wissenschaftlichen Kriterien nicht als Beweise für seine Wirksamkeit. Aber auch in der Wissenschaft vollzieht sich langsam ein Wandel. Die moderne Physik hat Erkenntnisse gebracht, die mit dem alten Weltbild nicht vereinbar sind. Alles im Universum ist miteinander verbunden, es ist ein unteilbares Ganzes. Da ich mich auch für den wissenschaftlichen Aspekt der Energie interessierte, las ich einige Bücher über moderne Physik. Sie waren sehr spannend, obwohl ich nicht alles verstanden habe. Aus ganzheitlicher Sicht besteht ohnehin kein fundamentaler Unterschied zwischen Wissenschaft und Mystik. Beide Seiten versuchen auf ihre Weise herauszufinden, wer und was wir sind, woher wir kommen und was das Universum und was Leben ist. Ein Forscher, der zum Nordpol wandert, tut letztlich nichts anderes als ein meditierender Mönch in einer Höhle. Nur die Wege sind verschieden. Beide Wege können zu Erleuchtung oder Verblendung führen. Der Wissenschaftler kann unmenschlich und verantwortungslos handeln, der Mystiker zum Fanatiker werden.

Ich möchte nicht behaupten, daß ich Reiki verstanden habe, ich bin noch ein Anfänger und Forscher auf diesem Weg. Reiki hat mich immer wieder an Grenzen geführt, wo ich ins Unbekannte springen mußte. Es ist wie ein Tanz auf dem Seil: Wenn ich nicht achtsam bin, kann ich in den Abgrund der Unbewußtheit stürzen und die Ganzheit aus den Augen verlieren. Der Weg ins Licht ist manchmal mühsam und verläuft nicht gradlinig. Ich kann ihn Schritt für Schritt: gehen. Reiki ist eine offene Frage, die mich in Bewegung und lebendig hält. Wenn ich eine Antwort gefunden zu haben glaube, taucht eine neue Frage auf, die ich erforschen möchte.

Wenn ich an den Tag zurückdenke, an dem ich meine Einstimmung zum ersten Grad bekam, kommt mir das manchmal vor wie einer ferner Traum. Soviel ist inzwischen geschehen. Und doch ist der Tag so präsent, als wäre es gestern gewesen. Reiki hebt alle meine Zeitbegriffe auf. Die Arbeit mit der Energie ist ein dynamischer Prozeß. Sie verändert sich ständig - wie das Leben auch. Wir können die Energie nur nutzen, indem wir dem Prozeß folgen, was immer er mit sich bringt. Jeder Augenblick eröffnet neue Möglichkeiten. Es gibt noch viel zu entdecken. Während ich dieses Buch schrieb, hatte ich die ganze Zeit das Gefühl, in sehr enger Verbindung mit der Lebensenergie zu sein, auch in Momenten, wo ich durch Tiefpunkte ging. Es war mir mehr bewußt als sonst, daß wir von der Ganzheit nie getrennt sind. Ich lernte viel über Vertrauen, Geduld und Loslassen.

Nicht alles, was ich im Zusammenhang mit Reiki entdecke, gefällt mir. Daß es in letzter Zeit manchmal wie eine Ware im Supermarkt angeboten wird, tut mir weh. Die Lebensenergie zu respektieren und zu würdigen, ist für mich eine Grundvoraussetzung im Umgang mit ihr. Nur dann kann sie ihre wirkliche Kraft entfalten, damit eine Wandlung in unserem Bewußtsein geschehen kann. Andererseits habe ich unbegrenztes Vertrauen in die Energie. Was immer wir mit dem Reiki-System anstellen, die Energie selbst können wir nicht mißbrauchen oder zerstören. Wir können zwar uns selbst vernichten, aber nicht Existenz an sich. Sie ist unbegrenzt, unendlich und erneuert sich ständig selbst. Wenn wir unsere Verbundenheit mit allem erkennen, hören wir vielleicht mit unseren Machtspielen auf. Dann können wir dankbar sein für alles, was das Leben uns bringt und eine neue Stufe in unserem Bewußtsein erreichen.

Danksagung

Meiner Mutter für ihre Liebe und Weisheit und alles, was, sie mich gelehrt hat,

allen Teilnehmern meiner Reiki-Seminare für die Erfahrungen, die sie mit mir geteilt haben,

Paula Horan, die mich zur Reiki-Meisterin eingeweiht hat,

Bodo Baginski für seine spontane Bereitschaft, ein Vorwort zu schreiben,

Monika und Wolfgang Jünemann für ihr Vertrauen in mich und die Zeitspanne, die sie mir gewährt haben,

Roman Kess für seine unermüdliche Ermutigung, weiterzumachen,

allen Reiki- und anderen Meistern für die wunderbare Transformationsarbeit, die sie leisten,

Irland für die inspirierende Zeit der Stille, die ich dort verbracht habe,

allen sichtbaren und unsichtbaren Wesen, die mich bei der Arbeit mit ihrer Kraft und Weisheit unterstützen.

Ich danke der Lebensenergie, die in allen Erscheinungen und Manifestationen fließt, ihrer unendlichen Güte, Liebe, Weisheit und Intelligenz.

Anhang

Kurzer Überblick über das Reiki-System

Der Begriff Reiki kommt aus dem Japanischen. REI bedeutet universell, KI bedeutet Lebenskraft. Reiki ist ein jahrtausende altes Energiesystem, dessen Ursprünge im Raum Tibet liegen. Dieses Wissen wanderte nach Indien, Ägypten, Griechenland und Rom. Ursprünglich war es geheim und nur bestimmten Menschen zugänglich. Ende des 19. Jahrhunderts wurde es von dem christlichen Mönch Dr. Mikao Usui wiederentdeckt. Mit dem Reiki-System kann die natürliche Energie der Lebenskraft aktiviert, verstärkt und ins Gleichgewicht gebracht werden. Es wirkt ganzheitlich auf allen Ebenen des menschlichen Daseins, unterstützt und fördert die Selbstheilungskräfte, löst Blockaden und harmonisiert den Energiefluß. Es geht an die Ursachen des Ungleichgewichts und wird da aufgenommen, wo es gebraucht wird. Reiki kann mit jeder anderen spirituellen und therapeutischen Methode kombiniert werden und den ganzheitlichen Heilungsprozeß auf allen Ebenen ergänzen und verstärken. Es ist unkonfessionell und steht nicht in Widerspruch zu religiösen oder meditativen Praktiken oder Einweihungen. Reiki wird von ausgebildeten Lehrern durch Initiationen/Einstimmungen aktiviert und bewußt gemacht. Danach liegt es in der Verantwortung jedes einzelnen, diese Energie für sich zu nutzen.

Reiki wird in drei Graden gelehrt:

1. Grad:
Aktivierung mit den Händen
Durch vier Einstimmungen wird die universelle Lebensenergie für immer aktiviert und in den Händen konzentriert. Man lernt eine Methode, Reiki bei sich selbst, bei anderen sowie bei Pflanzen und Tieren anzuwenden.

2. Grad:

Aktivierung mit Symbolen
Durch die Einstimmung zum zweiten Grad wird die Möglichkeit, universelle Energie anzuwenden, nochmals verstärkt. Mit Hilfe der Symbole kann man Energie auf Personen und Situationen unabhängig von Zeit und Raum geben sowie tiefsitzende Denk- und Gefühlsblockaden auflösen.

3. Grad:
Meistergrad
Die Einstimmung zum 3. Grad verbindet mit dem inneren Meister und ist die Voraussetzung für die Reiki-Lehrer-Ausbildung.

Bücher über Reiki

Reiki - universale Lebensenergie von Bodo J. Baginski und Shalila Sharamon, Synthesis-Verlag.

Die Reiki-Kraft von Dr. Paula Horan, Windpferd-Verlag

Das Reiki Handbuch von Walter Lübeck, Windpferd Verlag

Reiki - Der Weg des Herzens von Walter Lübeck, Windpferd Verlag

Reiki und Edelsteine von Ursula Klinger-Raatz, Windpferd Verlag

Der Energiekörper im Feld der Reiki-Kraft von Walter Binder, Verlag für Naturmedizin und Bioenergetik

Der Reiki-Faktor von Dr. Barbara Ray, Heyne Verlag

Reiki - Heile Dich selbst von Brigitte Müller & Horst Günther, Verlag Peter Erd

Kommentierte Literaturliste

Dies ist eine sehr subjektive Literaturliste. Ich habe in meinem Leben eine Menge Fachliteratur gelesen (zum Teil lesen *müssen*). Hier möchte ich nur die Bücher anführen, die mich sehr bewegt haben und einen großen Einfluß auf meinen spirituellen Weg hatten. Vielleicht können sie als Anregung dienen, sich mit einigen Themen tiefer auseinanderzusetzen.

Der Erleuchtung ist es egal, wie du sie erlangst von Thaddeus Golas, Sphinx Verlag. Bringt die ganze Sache mit der Erleuchtung auf den Punkt.

Der Pfad des friedvollen Kriegers von Dan Millman, Ansata Verlag. Ein spannendes, humorvolles Buch über eine "westliche" Meister-Schüler-Beziehung. Besonders empfehlenswert für Menschen, die etwas über esoterisches Wissen erfahren wollen, ohne sich mit dem Insider-Vokabular zu belasten.

Der Weg durchs Feuer von Irina Tweedie, Ansata-Verlag. Tagebuch einer spirituellen Schulung durch einen Sufi-Meister. Ein sehr ehrliches, offenes Buch über den schwierigen Weg zur Wahrheit. Man kann es immer wieder lesen. "Pflichtlektüre" für meine Reiki-Lehrer-Bewerber.

Die Kraft der Stille, Neue Lehren des Don Juan von Carlos Castaneda, Fischer Verlag. Faßt alle vorherigen Castanedabücher zusammen. Man kann viel daraus lernen über falsche Vorstellungen, Illusionen und die Wirklichkeit.

Ein Blick ins Nichts, Erfahrungen in einer amerikanischen Zen-Gemeinde von Janwillem van de Wetering, rororo. Ein sehr persönliches Buch über ein längeres Zen-Sesshin. Sehr desillusionierend. Treibt einem alle Vorstellungen über Erleuchtung aus.

Einverstandensein von Shalila Sharamon und Bodo J. Baginski, Windpferd Verlag. Eine sehr praktische Meditation über die Erlösung des Schattens. Klar und verständlich geschrieben. Ich mache die Meditation sehr oft.

Kraft aus der Mitte des Herzens von Paula Horan und Brigitte Ziegler, Windpferd Verlag. Paula und ich beschreiben in diesem Buch ein Training, das wir entwickelt haben, um alte Muster loszulassen und ein bewußteres Leben zu führen.

Krankheit - Tor zur Wandlung von Richard Moss, Ansata Verlag. Von einem ehemaligen Arzt geschrieben. Das beste Buch über ganzheitliche Heilung, das ich kenne, weil es keine Rezepte anbietet, sondern Anregungen gibt, tiefer zu gehen. Ich fand fast alles bestätigt, was ich während meiner Knieverletzung erlebt habe.

Licht-Arbeit von Barbara Ann Brennan, Goldmann Esoterik. Ein Standard-Werk über die Heilung mit Energiefeldern. Sehr informativ und mit vielen Übungen.

Weg der Erfüllung, Selbstheilung durch Transformation von William Brugh Joy, Ansata-Verlag. Ebenfalls von einem ehemaligen Arzt geschrieben. Ein sehr beeindruckendes Buch über Transformation, Heilung und Energiefelder. Besonders beeindruckt hat mich, daß Dr. Joy bei seiner Arbeit das Chakren-System selber fand, ohne je etwas darüber gelesen zu haben.

Zen im Alltag von Charlotte Joko Beck, Knaur Esoterik. Ein sehr praxisnahes, klares Buch, wie man Bewußtheit im ganz normalen Leben entwickeln kann.

Musik-Kassetten

Tim Wheater: Green Dream Before the Rains. Windpferd-Verlag
Tim Wheater: Whale Song. Windpferd-Verlag
Tim Wheater: A Calmer Panorama. Windpferd-Verlag
Deuter: Ecstasy. ERP Musik-Verlag
Deuter: Land of Enchantment. ERP Musik-Verlag
Aeoliah: Angel Love. Helios Enterprises
Sandelan. Divine Harmony. Aquamarin Verlag
The Tibetan Book of the Dead. Volume 1 & 2, 3 & 4. TMT Music Productions
Merlin's Magic: Reiki. Windpferd-Verlag

The Quantum Light Breath (der Quantum Licht Atem). Deutscher Live-Mitschnitt einer Atemsitzung als Kassette erhältlich bei Brigitte Ziegler, (Adresse S.173).

Adressen:

Adressen von Reiki-Meistern/Lehrern sind beim Windpferd-Verlag erhältlich*. Ich bin sehr daran interessiert, noch mehr Berichte von Erfahrungen mit Reiki zu hören. Wer Erfahrungsberichte schicken oder Information über Seminare erhalten möchte, kann mir über den Verlag schreiben:

Windpferd Verlag
Brigitte Ziegler
Panoramaweg 4
D-8955 Aitrang

*)Auf Anfrage erhalten Sie eine umfangreiche, ständig aktualisierte Liste mit allen uns bekannten Reiki Meistern/Lehrern zugesandt. Legen Sie Ihrer Anfrage einen adressierten und frankierten Rückumschlag bei.

Windpferd Verlag
Reiki-Meister-Liste
Panoramaweg 4
D-8955 Aitrang

Paula Horan/Brigitte Ziegler
Kraft aus der Mitte des Herzens

Voller Energie, in der Mitte unseres Herzens zentriert mit klarem und offenem Blick in die Welt schauen, dem Leben intensiv begegnen, ohne Angst, ohne Kompromisse - wer möchte das nicht. Doch zuerst müssen wir unsere Co-Abhängigkeiten auflösen: unsere Sucht nach Essen, Alkohol, alten Gewohnheiten, Problemen, Freunden, Liebe, Bestätigung... Im Laufe unseres Lebens formen sich unsere Gedanken zu Kristallen und setzen sich im Körper fest, um irgendwann den Energiefluß zu blockieren: unsere Wahrnehmung wird trübe, die Lebensfreude läßt nach, es fehlt Energie. Die Autorinnen sind Therapeutinnen: sie zeigen uns, wie wir Körperkristalle aufspüren, Co-Abhängigkeiten erkennen, Bindungen loslassen und das Leben wieder voller-Begeisterung erfahren können.

128 Seiten, DM 16,80
ISBN 3-89385-080-5

Shalila Sharamon, Bodo J. Baginski
Einverstandensein

Der Weg zur Einheit führt über das Einverstandensein und damit über die Erlösung des "Schattens", also all jener Anteile der Ganzheit, die wir in die Einseitigkeit verdrängt haben, und die uns in Form von Schicksal, Krankheit und Leid wieder begegnen. Das Einverstandensein führt uns zu unserer eigentlichen Mitte und somit zu wirklicher Heilung, zu einer Entfaltung unseres gesamten Potentials an Liebe und schöpferischer Energie.
Der "Schatten", seit C.G.Jung Synonym für all jene Anteile der Ganzheit, die durch den Menschen ins Unbewußte verdrängt und abgeschoben wurden, erfährt durch die hier dargestellte Methode eine tatsächliche Erlösung aus der Verbannung. Hierin liegt tatsächlich die große Chance des Menschen, sich ohne Umwege in Richtung Vollkommenheit zu entwickeln.

176 Seiten, DM 19,80
ISBN 3-89385-086-4

Genevieve Lewis Paulson

Das Kundalini-Handbuch

Eine umfassende praktische Anleitung zum Entdecken, Freisetzen und Meistern der Chakra-Energien

Chakren, seit Jahrtausenden kennt man diese kraftvollen Energiezentren. Die Art und Weise ihrer Funktion ist mitbestimmend für den seelischen und körperlichen Zustand des Menschen.
Kundalini nennt man die Kraft, die zwischen den einzelnen Chakren fließt, sie miteinander verbindet und in Bewegung hält. Dieses Buch zeigt, wie die Kundalini-Energien über den Kontakt mit dem spirituellen Körper erweckt werden können und dadurch gezielt Einfluß auf Beziehungen und das Liebesleben nehmen.

272 Seiten, DM 24,80
ISBN 3-89385-091-0

Merlin's Magic

Reiki-Musik

Musik zur Reiki-Behandlung, Inspiration und Heilung

Immer mehr Menschen beschäftigen sich mit den heilenden Kräften von Reiki. Ebenso einfache wie wirkungsvolle Übungen wirken positiv auf den mit Reiki-Energie behandelten Menschen. Die Reiki-Musik von Merlin's Magic wurde speziell für die Reiki-Behandlung komponiert und bildet so das ideale musikalische Umfeld für Reiki. Sie wird von vielen führenden Reiki-Meistern wärmstens empfohlen.
»Diese Musik von Merlin´s Magic ist genau so, wie ich sie mir für meine Reiki-Behandlungen immer gewünscht habe.«
  Ursula Klinger-Raatz,
Reiki-Meisterin und Bestsellerautorin
  (Die Geheimnisse edler Steine)

Spieldauer 60 Minuten
CD: DM 38,00 ISBN 3-89385-735-4
MC: DM 28,00 ISBN 3-89385-736-2

Peter Schöber-Paweska

Das Rider-Waite-Tarot Handbuch

Eine umfassende Anleitung zum Verstehen und Deuten der Tarotkarten auf psychologischer, partnerschaftlicher, geschäftlicher und spiritueller Ebene

Schon immer haben Tarotkarten die vielen Facetten des menschlichen Lebens bildhaft dargestellt - von allen ist das Rider-Waite-Tarot das weltweit bekannteste und meist verwendete Tarot-Deck.
Dieses Handbuch ist eine Einführung in die Praxis. Kartenleger, vom Anfänger bis zum Meister, erhalten einen hervorragend ausgearbeiteten Deutungsteil für die verschiedensten Deutungsebenen: psychologisch, partnerschaftlich, beruflich/geschäftlich, spirituell/trans-formatorisch.

288 Seiten, DM 24,80
ISBN 3-89385-101-1

Marianne & Patrick Caland

Weihrauch & Räucherwerk

Düfte zum Heilen, Träumen, Lieben, Meditieren, Anregen u.m.
Wir leben in einer Zeit der Wiederentdeckung schöner Düfte, Wohlriechendes zieht uns magisch an, und spezielle Aromen und Düfte berühren sanft unsere Gefühle und Emotionen. So lassen wir uns gerne vom erhebenden Wohlgeruch edler Hölzer und Essenzen in himmlischere Sphären locken. Weihrauch setzte man schon immer ein, um die Seele des Menschen in Stimmung zu versetzen, sich dem Geistigen und Göttlichen zu öffnen.
Von der Auswahl der Räucherstoffe über Rezepturen bis hin zu geheimnisvollen Ritualen sind viele Techniken beschrieben, wird die traditionelle Verwendung erklärt, inklusive der Zuordnungen zu den einzelnen Wochentagen, Farben und spirituellen Prinzipien.
176 Seiten, DM 19,80
ISBN 3-89385-099-6